W0171255

Irmela Erckenbrecht

Das vegetarische Baby

Irmela Erckenbrecht

Das vegetarische Baby

Schwangerschaft – Stillzeit – Erstes Lebensjahr

ISBN: 978-3-89566-143-3
© 1999: pala-verlag,
Rheinstr. 35, 64283 Darmstadt
www.pala-verlag.de
5. aktualisierte Auflage 2009

Lektorat: Bettina Snowdon
Umschlaggestaltung und Bildmontage:
Daniel Kleimenhagen, Designer AGD, Hildesheim
Innenillustrationen: Margret Schneevoigt
Druck und Bindung: freiburger graphische betriebe
www.fgb.de
Printed in Germany

Dieses Buch ist auf Papier aus 100 % Recyclingmaterial gedruckt

Inhaltsverzeichnis

5

Kleine Ermutigung

Sie erwarten ein Kind oder haben gerade ein Kind bekommen? Herzlichen Glückwunsch! Vor Ihnen liegt eine spannende, an Freuden und Herausforderungen reiche Zeit.

Und doch kennen auch Sie sicherlich die bange Frage, die sich immer wieder in die Glücksgefühle mischt: Wird mein Kind gesund sein und bleiben? Und wird es mir gelingen, alles richtig zu machen?

Der Wunsch, für das Wohl und die Gesundheit Ihres Babys nur das Allerbeste zu tun, kann überwältigend und verwirrend sein.

Spätestens in dieser Situation gewinnt für viele auch die Frage der Ernährung eine neue Bedeutung. Längst hat sich herumgesprochen, dass die Ernährung in der Schwangerschaft, in der Stillzeit und im ersten Lebensjahr für die Gesundheit eines Babys äußerst wichtig ist.

Deshalb ist im Mutterpass auch ein von der Ärztin oder dem Arzt anzukreuzendes Kästchen für die Ernährungsberatung angelegt, und in jeder Broschüre, die werdende oder frischgebackene Eltern in die Hand gedrückt bekommen, wird das Thema angesprochen. Dennoch beschränken sich die Ratschläge für die Mutter oft auf den vagen Hinweis, sich doch bitte »möglichst ausgewogen« zu ernähren. Oder man verwirrt sie mit einer Fülle von Tabellen über Nährstoffe und Fütterzeiten, so dass sie sich am Ende erst recht alleingelassen fühlt. Viele Angaben widersprechen sich, und die Hinweise der Babykost-Hersteller sind von Eigeninteressen geprägt.

In dieser Situation bietet die vegetarische Vollwertkost eine gute Orientierung. Zumal inzwischen erwiesen ist, dass sie, wenn wir uns an einige wenige Regeln halten, nicht nur »nicht schadet«, sondern für die Gesundheit von Mutter und Kind (und aller anderen Familienmitglieder) sogar große Vorteile bringt.

Dennoch sind viele vegetarische Mütter und Väter eher verunsichert, wenn sie sich weiterhin fleischlos ernähren wollen und sich auch nicht vorstellen können, ihrem Baby, wie in manchen Ernährungsratgebern heute noch allen Ernstes empfohlen, zweimal in der Woche pürierte Schweineleber oder andere Fleischmahlzeiten einzurichten. Aus der Ecke der Fleischbefürworter schallen ihnen düstere Warnungen, aus der Ecke der überzeugten Vegetarier nur allgemeine Beruhigungsformeln ohne konkrete Tips, Vor- und Ratschläge entgegen.

Diese Lücke mit einem übersichtlichen und zuverlässigen Leitfaden zu füllen, soll die Aufgabe dieses Buches sein. Es berichtet über die positiven Auswirkungen einer ovo-lakto-vegetabilen (also in Maßen auch Eier und

Milchprodukte verwendenden) vegetarischen Vollwertkost, gibt konkrete Informationen über den besonderen Nährstoffbedarf in der Schwangerschaft und Stillzeit und hilft Ihnen mit einfach umzusetzenden Positivlisten und leckeren Rezepten dabei, diesen Bedarf auch wirklich abzudecken. Dann ist endlich das vegetarische Baby an der Reihe! Hier geht es um Muttermilch und Flaschenkost, Probleme beim Abstillen und den allmählichen Übergang zur Löffelkost. Am Ende finden Sie eine Vielzahl von Rezepten für vier leckere Babymahlzeiten am Tag.

Dabei ist es ganz egal, ob Sie sich aus ethischen, ökologischen oder gesundheitlichen Gründen vegetarisch ernähren, ob Sie schon seit Jahren fleischlos glücklich sind oder sich erst jetzt zum Vegetarismus entschlossen haben. Ja, auch wenn Sie vielleicht nur selbst weniger Fleisch essen und Ihrem Baby jenseits von Schweinepest und Rinderwahn einen gesunden Start ins Leben geben wollen, werden Sie einiges finden, was Ihnen und Ihrem Kind gut tut und überdies noch lecker schmeckt.

Dieses Buch möchte Sie nicht bekehren – höchstens verlocken. Es versteht sich als freundliches Angebot. Picken Sie sich heraus, was Ihren Bedürfnissen entspricht.

Zahllose quicklebendige vegetarische Kinder auf der ganzen Welt beweisen, wie gesund der fleischlose Start ins Leben sein kann. Mein kleiner Sohn Lewis ist eines von ihnen und lässt Sie herzlich grüßen.

Gemeinsam wünschen wir alles Gute für Sie und Ihr Kind!

Irmela Erckenbrecht

Freundlicher Hinweis

Ich selbst bin Ovo-Lakto-Vegetarierin (esse also weder Fleisch noch Fisch, aber in Maßen Eier und Milchprodukte) und kann guten Gewissens auch nur für diese Form des Vegetarismus sprechen. Sollten Sie sich vegan ernähren, also auch auf Eier und Milchprodukte verzichten, oder sich für eine alternative Kostform wie die Makrobiotik entschieden haben, lassen Sie sich bitte von kompetenter Seite individuell beraten.

Bedenken Sie außerdem, dass die in diesem Buch gegebenen Hinweise und Ratschläge für gesunde Mütter und Babys gelten. Bei besonderen Gesundheits- und Ernährungsproblemen wenden Sie sich bitte an Ihre Hebamme, Ihre Frauenärztin oder Ihren Kinderarzt.

☀ Lauter gute Nachrichten für vegetarische Eltern und ihre Kinder

Die vegetarische Ernährung stößt heute zunehmend auf Akzeptanz. Mehr und mehr Restaurants bieten neben ihrem gewohnten Repertoire auch fleischlose Alternativen an, jeder bessere Durchschnittshaushalt zieht zumindest gelegentlich ein vegetarisches Kochbuch zu Rate, und wer sich als Vegetarierin oder Vegetarier »outet«, wird längst nicht mehr bestaunt wie ein Wesen von einem anderen Stern. Ungemütlich wird es allerdings häufig noch dann, wenn Kinder ins Spiel kommen und es um die vegetarische Ernährung von schwangeren und stillenden Müttern geht – weshalb wir uns, ehe wir mit den eigentlichen Rat- und Vorschlägen beginnen können, zuerst mit einigen grundsätzlichen Fragen befassen müssen.

Leider sehen sich vegetarische Eltern nämlich heute immer noch mit eindringlichen Mahnungen, ja sogar mit dem Vorwurf konfrontiert, für ihre eigenen Überzeugungen die Mangelernährung ihres Kindes in Kauf zu nehmen. Dies führt nicht selten zu großer Verunsicherung, denn erstens kommen die Warnungen nicht nur von schlecht informierten Laien, sondern auch von Autoritäten wie Ärztinnen und Ärzten, deren Rat uns in diesen aufregenden Zeiten sehr wichtig ist. Zweitens gehört zu dieser besonderen Lebenssituation ohnehin das überwältigende Gefühl, nun auf einmal nicht mehr nur für sich, sondern zusätzlich noch für ein kleines, hilfloses Wesen verantwortlich und dieser Verantwortung möglicherweise nicht gewachsen zu sein.

Viele Ansichten über den Vegetarismus stammen jedoch aus einer Zeit, als diese Kostform noch eine echte Außenseiterrolle spielte und nur wenig erforscht war. Einzelne Fallgeschichten über angeblich mangelernährte Kinder meist veganer Eltern wurden verallgemeinert und als abschreckende Beispiele missbraucht.

Viele Vorurteile gründen außerdem auf längst überholtem Wissen. So wurde Vegetarierinnen und Vegetariern z. B. jahrelang vorgehalten, wer auf Fleisch verzichte, nähme nicht genug oder nur minderwertiges Eiweiß zu sich. Heute hören wir von höchst offizieller Stelle, dass gerade die an Fett und Eiweiß viel zu reiche Durchschnittskost offenbar für viele Zivilisationskrankheiten verantwortlich und die vegetarische Ernährung wegen ihres Reichtums an Kohlenhydraten und Ballaststoffen viel gesünder ist – übrigens gerade auch in der Schwangerschaft, denn eine allzu proteinreiche, stark fleischorientierte Ernährung entzieht dem Körper das für die Knochenentwicklung des Kindes so dringend benötigte Kalzium. Und was die Versorgung mit Eiweiß angeht, ist auch der letzte Ernährungswissenschaftler inzwischen davon überzeugt, dass die Proteine einzelner Pflanzen für eine vollständige Abdeckung des Eiweißbedarfs zwar ungeeignet sein mögen, Vegetarierinnen und Vegetarier aber selten ein pflanzliches Lebensmittel alleine verzehren, sondern bei so gut wie jeder Mahlzeit Proteine verschiedener Herkunft (z. B. Getreide und Milch, Kartoffeln und Eier, Hülsenfrüchte und Getreide) kombinieren. Auf diese Weise ergänzen sich die verschiedenen Eiweißbausteine gegenseitig und fügen sich zu einer mehr als ausreichenden Bedarfsdeckung zusammen.

Angst vor Mangel ist unbegründet

Während jedoch die durch die übliche Durchschnittskost verursachten Mangelerscheinungen achselzuckend hingenommen und mit entsprechenden Ergänzungspräparaten ausgeglichen werden, rechnet man Vegetarierinnen und Vegetariern jeden theoretisch möglichen Mangel pedantisch vor. So z. B. bei der Folsäure, die insbesondere in der frühen Schwangerschaft eine zentrale Rolle spielt, da sie Fehlgeburten und Fehlbildungen entgegenwirkt. Bei der vegetarischen Kost mit ihrem hohen Anteil an rohem Obst, Gemüse und Vollkornprodukten ist die Versorgung mit Folsäure viel eher gesichert als bei der fleischhaltigen Durchschnittsdiät, so dass ein Folsäuremangel für Vegetarierinnen meist gar kein Thema ist. Die gleichen Ärztinnen und Ärzte denken sich häufig wenig dabei, wenn sie schwangeren Durchschnittsköstlerinnen routinemäßig Folsäurepräparate verschreiben, ihre vegetarischen Patientinnen aber eindringlich vor möglichen »Ernährungsmängeln« warnen.

Allerdings geben viele Ärztinnen und Ärzte nur wieder, was sie in der eigenen, schon einige Zeit zurückliegenden Ausbildung gelernt haben – und die Ernährungswissenschaft nimmt im Medizinstudium gewiss keine zentrale Rolle ein. Auch wenn sich einige inzwischen auf diesem Gebiet fortgebildet haben, sind doch die wenigsten von ihnen wirkliche Ernährungsexperten. Ja, möglicherweise ernähren sie sich selbst viel ungesünder als die Vegetarierinnen, die sie im Rahmen der Vorsorgeuntersuchungen während der Schwangerschaft so ganz nebenbei auch noch über Ernährungsfragen beraten sollen.

Schließlich gibt es auch heute noch viele Nicht-Vegetarierinnen und -Vegetarier, die sich unter dem Vegetarismus eine lebenslängliche Verurteilung zu einem schnitzelförmigen Loch auf dem Teller vorstellen. Sich vegetarisch zu ernähren heißt aber nicht, beim Essen einfach Fleisch und Fisch wegzulassen. Vielmehr suchen Vegetarierinnen und Vegetarier nach alternativen Eiweiß-, Vitamin- und Mineralstoffquellen, die ihrem individuellen Geschmack entsprechen. Dabei müssen sie sich weder in Nährstofftabellen vertiefen noch bei jeder Mahlzeit komplizierte Berechnungen anstellen. Weil auch sie erstens satt werden und zweitens schmackhaft und abwechslungsreich essen wollen, greifen sie automatisch häufiger zu Getreide, Sojaprodukten, frischem und gekochtem Gemüse, Obst und Hülsenfrüchten, Nüssen und Samen. Einige Grundkenntnisse genügen, und schon entsteht eine ausgewogene Ernährung mit einem vielseitigen Nährstoffangebot.

Was Sie skeptischen Ärztinnen und Ärzten erwidern können

Die eigentlichen Fragen, die Ärztinnen und Ärzte oder andere wohlmeinende Ratgeber vegetarischen Eltern also stellen müssten, sind: Ernähren Sie sich gleichzeitig auch vollwertig? Achten Sie auf eine ausgewogene Nährstoffzufuhr? Essen Sie möglichst viele frische, unverarbeitete Lebensmittel? Und sind Sie sich bewusst, dass Sie in Ihrer jetzigen Situation bevorzugt X essen und auf Y lieber verzichten sollten?

Im Prinzip müssten nicht-vegetarische Eltern die gleichen Fragen beantworten. Leider gilt die fleischhaltige Kost in unserer Gesellschaft jedoch noch immer als so selbstverständlich, dass man sie trotz aller möglichen ernährungsbedingten Probleme nicht in Frage stellt, während andere Kostformen wie der Vegetarismus weiter beargwöhnt werden.

Lassen Sie sich davon jedoch nicht beirren, sondern setzen Sie gute Argumente und ein aktives, gesundheitsbewusstes Verhalten dagegen.

Wer weiß, vielleicht erleben Sie – wie manche anderen vegetarischen Eltern vor Ihnen – sogar, dass Ihre Ärztin oder Ihr Arzt zwar anfangs noch skeptisch ist, im Laufe der Zeit aber durchaus Interesse daran entwickelt, anhand Ihres Falles eine vegetarische Schwangerschaft, Stillzeit und Kleinkindzeit mitzuerleben. Auf diese Weise können Sie allein durch Ihr Beispiel echte Pionier- und Aufklärungsarbeit leisten. Das gesunde Gedeihen Ihres Babys wird für sich sprechen, die überkommenen Vorurteile werden ins Wanken geraten, und den nächsten vegetarischen Eltern wird Ihre Ärztin oder Ihr Arzt schon viel aufgeschlossener gegenüberstehen. Vielleicht geben Sie ihr oder ihm sogar den Anstoß dafür, sich noch einmal grundsätzlich mit Ernährungsfragen zu beschäftigen.

Eines gerät bei der ganzen Diskussion nämlich meist in Vergessenheit: Wie viele Fleischesser ernähren sich völlig ungesund, nehmen zu viel Fett und Eiweiß, zu wenig Vitamine und Ballaststoffe zu sich, leiden unter Mangelerscheinungen und ernährungsbedingten Krankheiten! Selbstverständlich gibt es aber auch gesundheitsbewusste Fleischesser. Die Ernährungsweise – ob mit oder ohne Fleisch – ist an sich gar nicht entscheidend. Viel wichtiger ist das *Wie*, also: Wie ernährt sich dieser ganz konkrete Fleischesser? Und wie ernährt sich diese ganz bestimmte Vegetarierin? Natürlich sind auch Vegetarierinnen und Vegetarier vorstellbar, die sich von Fertigpudding, Tütensuppen und Weißbrot ernähren. Sie sind aber garantiert mit der Lupe zu suchen! In den meisten Fällen bringen Menschen, die bewusst auf Fleisch und Fisch verzichten, eine äußerst gute Voraussetzung mit: Gerade weil sie sich *willentlich* für eine bestimmte Ernährungsform entschieden haben, mit der sie sich aus ethischen, ökologischen oder gesundheitlichen Gründen wohler fühlen, ist die Chance, dass sie sich infolge dieser Entscheidung *bewusst* ernähren und dabei auf eine ausgewogene Nährstoffzufuhr achten, entsprechend größer.

Aber auch dieser Spieß wird gelegentlich umgekehrt. Erscheint wieder einmal ein Forschungsbericht, der bestätigt, dass Vegetarierinnen und Vegetarier vor bestimmten schweren Erkrankungen (z. B. Krebs und Herz-Kreislauf-Problemen) besser geschützt sind, heißt es gleich: Ja, aber das liegt nicht unbedingt an der Ernährung, sondern daran, dass Vegetarier seltener rauchen und Alkohol trinken, häufiger Sport treiben, stärker auf ihren Körper achten und insgesamt viel gesundheitsbewusster sind. Na, um so besser! Das kann doch wohl nicht ernsthaft ein Argument gegen die Vorteile der vegetarischen Ernährung sein?

Ja, Vegetarierinnen und Vegetarier sind in der Regel gesundheitsbewusster, und auch bei ihnen hat sich in punkto Aufklärung in den letzten Jahrzehnten einiges getan. Sie haben eine Art eigenständige »Subkultur« entwickelt, es gibt vegetarische Stammtische und Vereine, Diskussionsforen im Internet und eine bunte Vielfalt an Kochbüchern, Ratgebern und Zeitschriften, die eine bewusste Auseinandersetzung und ständige »Weiterbildung« vegetarisch lebender Menschen fördern. Vegetarierinnen und Vegetarier sind deshalb heute meist überdurchschnittlich gut über Ernährungsfragen informiert und stellen ihre Nahrungsmittel überlegter zusammen als vergleichbare fleischessende Bevölkerungsgruppen.

Forschungsergebnisse sprechen für Vegetarismus

Gleichzeitig hat die Forschung neues Wissen über die positiven Auswirkungen der vegetarischen Ernährungsweise zusammengetragen. In den USA haben 1974 die *National Academy of Sciences* und 1980 die *American Dietetic Association* (die mit der *Deutschen Gesellschaft für Ernährung* vergleichbar ist) ganz offiziell die Vorteile einer ausgewogenen vegetarischen Ernährung anerkannt. Die *American Dietetic Association* hat sich 1986 sogar ausdrücklich positiv zur vegetarischen Ernährung von Kindern geäußert.

In der ganzen Welt hat es in den letzten Jahrzehnten verstärkt wissenschaftliche Untersuchungen über die Energie- und Nährstoffversorgung von vegetarisch lebenden Menschen gegeben. Prof. Dr. Claus Leitzmann von der Universität Gießen und Dr. Andreas Hahn haben diese Studien in ihrem umfangreichen Standardwerk *Vegetarische Ernährung* ausgewertet und zusammengefasst. In Übereinstimmung mit der *American Dietetic Association* kommen sie zu dem unmissverständlichen Schluss, »dass eine vegetarische Ernährung günstiger zu bewerten ist als eine Mischkost bzw. dieser adäquat ist«, ja bei ausgewogener Zusammenstellung als »gesundheitsfördernd und bedarfsdeckend« gelten kann. Als besonders günstig erwies sich in den internationalen Studien eine lakto-ovo-vegetabile Vollwerternährung, die gering verarbeitete Lebensmittel bevorzugt und hauptsächlich aus Gemüse, Obst, Vollkornprodukten, Kartoffeln, Hülsenfrüchten sowie Milch, Milchprodukten und Eiern besteht. Eine deutsche Untersuchung mit vegetarisch lebenden Vollwertköstlerinnen zeigte, dass diese Frauen deutlich gesünder waren als Frauen, die sich entsprechend dem Bundesdurchschnitt ernährten.

Zu den ethischen Gründen, die für den Vegetarismus sprechen, mochten die Wissenschaftler aufgrund ihres der Objektivität verpflichteten Selbstverständnisses nicht Stellung nehmen. Wohl aber zu den ökologischen Gründen, da leicht zu berechnen sei, dass Vegetarierinnen und Vegetarier für ihre Ernährung nur einen geringen Teil der Ackerfläche benötigen, die fleischessende Menschen beanspruchen müssen. Vor allem aber die gesundheitlichen Vorteile liegen angesichts der heutigen Erkenntnislage auf der Hand: »Wissenschaftliche Studien in vielen Teilen der Welt belegen, dass eine ausgewogene vegetarische Ernährungsweise das Risiko vermindert, an bestimmten Zivilisationskrankheiten zu leiden.«

Die Entstehung der sogenannten Zivilisationskrankheiten geht vor allem auf die starke Veränderung der Ernährungsgewohnheiten in den Industrieländern in den letzten 200 Jahren zurück: Die ursprünglich kohlenhydrat-reiche, überwiegend pflanzliche Kost wurde von einer fettreichen Nah-rung mit einem hohen Anteil an Lebensmitteln tierischen Ursprungs ver-drängt. Diesem Trend wirkt der Vegetarismus entgegen.

Die Vorteile im einzelnen

So ergaben die von Leitzmann und Hahn zusammengetragenen Studien aus aller Welt unter anderem, dass Vegetarierinnen und Vegetarier seltener Übergewicht haben als nicht-vegetarisch lebende Vergleichsgruppen. Der Kohlenhydratanteil in ihrer Nahrung ist günstiger und weist eine bessere Zusammensetzung auf, da sie mehr Kohlenhydrate aus Getreide und Nähr-mitteln und weniger aus Süßwaren und Zucker zu sich nehmen. Außerdem ist die Fettzufuhr niedriger und qualitativ besser, da es bei vegetarischer Kost zu einer deutlich geringeren Cholesterinaufnahme kommt und der Anteil an ungesättigten Fettsäuren höher ist. Aus diesem Grund liegen auch die Blutfettwerte von Vegetarierinnen und Vegetariern im allgemeinen in einem gesundheitlich günstigeren Bereich. Aufgrund der höheren Ballast-stoffzufuhr treten Darmerkrankungen bei Vegetarierinnen und Vegetari-ern seltener auf. Auch die sekundären Pflanzenstoffe, die Vegetarierinnen und Vegetarier in größeren Mengen aufnehmen als die Durchschnittsbe-völkerung, scheinen dafür verantwortlich zu sein, dass viele Erkrankungen bei vegetarisch lebenden Personen weniger häufig auftreten als bei nicht-vegetarisch lebenden Vergleichsgruppen. So haben Vegetarierinnen und Ve-getarier seltener insulinunabhängigen Diabetes mellitus, leiden nicht so oft an koronaren Herzerkrankungen, haben seltener Bluthochdruck, und das Risiko, an Krebs zu erkranken, ist bei ihnen deutlich geringer. Außerdem haben sie nachweisbar auch eine höhere Lebenserwartung.

All diese Vorteile einer lakto-ovo-vegetarischen Kostform fallen um so stär-ker aus, je länger die betreffenden Personen schon vegetarisch leben – eine weitere Motivation dafür, unseren Kindern von Anfang an einen fleischlos-gesunden Start ins Leben zu ermöglichen.

Die Studien zeigen außerdem, dass bei einer ausgewogenen vegetarischen Ernährung die Versorgung mit Proteinen, Vitaminen, Mineralstoffen und Spurenelementen entweder höher ist als bei der Durchschnittsbevölkerung oder im Normbereich liegt.

Der hohe Anteil pflanzlicher Lebensmittel führt zu einer optimalen Ver-sorgung mit all den Nährstoffen, die in Pflanzen besonders oft vorkommen, darunter Vitamin B_1, Vitamin B_6, Vitamin C und Folsäure. Geringer als beim Bundesdurchschnitt ist dagegen die Aufnahme von Vitaminen, die überwiegend aus tierischen Lebensmitteln stammen: Vitamin B_2, B_{12} und D, wobei dies ausschließlich für Vitamin B_{12} kritisch sein kann. Ausreichend mit Vitamin B_{12} versorgt sind nach wissenschaftlichen Erkenntnissen jedoch all die Vegetarierinnen und Vegetarier, die mindestens 380 g Milch und Milchprodukte pro Tag sowie ein Ei pro Woche verzehren.

Zu der von den Kritikern der vegetarischen Ernährung besonders gern ins Feld geführten Eisenversorgung ergab die Auswertung der internationalen Studien, dass Vegetarier zwar einerseits mindestens genauso viel Eisen aufnehmen wie Nicht-Vegetarier, ihre Eisenwerte sich aber andererseits häufig in der unteren Hälfte des Normbereichs bewegen, weshalb Leitzmann und Hahn zu der Überlegung anregen, ob die derzeitigen Eisen-Normwerte zu hoch angesetzt sind. Epidemiologische Befunde sprechen nämlich dafür, dass Normwerte im unteren Bereich viel günstiger sind und vor dem Auftreten von Infektionskrankheiten schützen. Auch die *American Dietetic Association* ließ 1988 offiziell verlautbaren, das Eisenmangelrisiko bei Vegetarierinnen und Vegetariern sei nicht größer als bei der fleischessenden Bevölkerung.

Da die Eisenwerte bei den Vorsorgeuntersuchungen in der Schwangerschaft jedoch eine so wichtige Rolle spielen, wollen wir uns im nächsten Kapitel noch einmal ausführlicher mit dieser Frage beschäftigen und vor allem Wege aufzeigen, wie vegetarische Mütter auf jeden Fall eine ausreichende Versorgung mit Eisen sicherstellen können.

Wichtig ist, in diesem Zusammenhang auch zu betonen, dass die Nährstoffe, bei denen Vegetarierinnen und Vegetarier unter Umständen Versorgungsprobleme haben, häufig auch für die Durchschnittsbevölkerung problematisch sind, z. B. Jod, Vitamin D und Eisen. Dafür sind nicht vegetarische Ernährungsgewohnheiten, sondern andere Faktoren (z. B. Jodmangelgebiet) verantwortlich.

Alles in allem hat die lakto-ovo-vegetarische Kost also im Normalfall gegenüber einer fleischhaltigen Mischkost viele Vorteile. Wie aber sieht es im »Ausnahmezustand« aus, den Schwangerschaft und Stillzeit wegen des großen Mehrbedarfs an Nährstoffen nun einmal darstellen? Und ist die vegetarische Ernährung auch bei kleinen Kindern mit ihrem noch sehr sensiblen Verdauungsapparat und den besonderen Anforderungen an die Nahrungszusammensetzung sinnvoll?

Forschungsergebnisse über die vegetarische Ernährung in Schwangerschaft und Stillzeit

Leitzmann und Hahn haben sich in ihrer umfassenden Auswertung wissenschaftlicher Studien auch diesen Fragen gewidmet. Sie stellten fest, dass bei schwangeren Lakto-ovo-Vegetarierinnen von einer ausreichenden Proteinzufuhr ausgegangen werden kann und die Versorgung mit essentiellen Fettsäuren keine Probleme aufwirft. Die Bevorzugung von Vollkorngetreide, -brot und -backwaren sowie Obst, Kartoffeln und Hülsenfrüchten in der vegetarischen Kost liefert nicht nur ausreichend Kohlenhydrate, sondern ganz nebenbei auch noch Ballaststoffe, Mineralstoffe und Vitamine, so dass eine in der Schwangerschaft besonders wichtige Ernährung mit Lebensmitteln mit hoher Nährstoffdichte gewährleistet ist. (Die Nährstoffdichte eines Lebensmittels errechnet sich aus dem Verhältnis zwischen Energie- und Nährstoffgehalt, also daraus, wie viele Nährstoffe pro Kalorie dieses Lebensmittel enthält. Je weniger be- oder verarbeitet ein Lebensmittel ist, desto höher ist in der Regel seine natürliche Nährstoffdichte.) Aufgrund ihrer Auswertung zahlreicher Studien über die vegetarische Ernährung während der Schwangerschaft und der Stillzeit kommen Leitzmann und Hahn zu dem Schluss, dass eine lakto-(ovo)-vegetarische Ernährung auch während der Schwangerschaft den Bedarf der meisten Nährstoffe decken kann. Bei einigen wichtigen Stoffen (Vitamin B_1, Vitamin B_6, Vitamin C, Vitamin E, Folsäure und Magnesium) ist die Versorgung von schwangeren Vegetarierinnen sogar deutlich besser als bei fleischessenden Vergleichspersonen. Lediglich bei der Eisen- und Jodzufuhr könne es ebenso wie bei nicht-vegetarischen Frauen zu Defiziten kommen. Durch eine entsprechende Lebensmittelauswahl lässt sich dies jedoch ohne weiteres vermeiden.

Die vegetarische Ernährung in der Schwangerschaft bringt darüber hinaus einige ganz konkrete Vorteile mit sich: Weil Vegetarierinnen mehr folsäurehaltiges Obst und Gemüse essen, ist ein Folsäuremangel, der, wie man inzwischen weiß, zu Fehlbindungen und Frühgeburten führen kann, bei ihnen viel weniger wahrscheinlich. Die Gewichtszunahme hält sich eher in den empfohlenen Grenzen, so dass Sie später keine hartnäckigen Pfunde abhungern müssen und sich ihr gewohntes Wohlfühlgewicht nach einer Weile viel leichter wieder einstellt. Und es gibt weniger Verdauungsprobleme. Die Darmwände sind in der Schwangerschaft schlaffer und weiter als sonst (um Kontraktionen der Gebärmutter und damit Frühgeburten zu vermeiden, wirkt das Hormon Progesteron entspannend auf alle unwillkürlichen

Muskeln), weshalb es zu Verstopfungen und besonders bei sehr fleischhaltiger Kost zu Blähungen kommen kann. Der hohe Ballaststoffanteil der vegetarischen Kost dagegen verhilft zu einem weichen, regelmäßigen Stuhl und wirkt den üblichen Verdauungsbeschwerden in der Schwangerschaft entgegen.

Interessanterweise ist vielen Schwangeren – und zwar auch denen, die bisher ohne Bedenken Fleisch verzehrten – der Anblick, der Geruch oder auch der Geschmack von Fleisch eher unangenehm. In manchen Gesellschaften ist Fleischverzehr während der Schwangerschaft ohnehin tabu. Wie bei anderen unüberwindlichen Abneigungen gegenüber bestimmten Lebensmitteln in der Schwangerschaft kann hierfür ein instinktiver Schutzmechanismus verantwortlich sein. Schließlich ist Fleisch schwerer verdaulich, leichter verderblich und es besteht die Gefahr, dass es Krankheitskeime, z. B. den für das ungeborene Kind lebensbedrohlichen Toxoplasmose-Erreger, überträgt. Wegen dieser Risiken werden auch alle Schwangeren bei der Vorsorge eindringlich ermahnt, rohes Fleisch (Tatar, Mett, rohe Würste, blutige Steaks) zu meiden. Gut möglich, dass der Körper etwas von diesen Gefahren ahnt!

Vorteile der vegetarischen Ernährung für die Muttermilch

Auch in der Stillzeit kann, wie Leitzmann und Hahn ermittelten, der erhöhte Nährstoffbedarf durch eine gezielt zusammengestellte lakto-ovo-vegetabile Kost gedeckt werden. Mögliche Engpässe bei der Versorgung mit Eisen, Jod und Folsäure lassen sich durch eine bewusste Auswahl und Kombination verschiedener Lebensmittel vermeiden.

Die Muttermilch wird in ihrer Zusammensetzung maßgeblich von der Ernährung der Mutter vor und während der Stillzeit beeinflusst. Was Sie essen, ist also für die Qualität der Muttermilch und damit für die Nährstoffversorgung Ihres Babys entscheidend.

In mehreren wissenschaftlichen Studien wurde die Muttermilch von lakto-ovo-vegetarischen und nicht-vegetarischen Müttern verglichen. Dabei stellte sich heraus, dass es bei der Menge und dem Gehalt an Spurenelementen, Lactose und Gesamtfett kaum nennenswerte Unterschiede gibt.

Die vegetarische Ernährung bringt in dieser Hinsicht also keine Nachteile. Im Gegenteil: Stillende vegetarische Mütter haben zwei große Vorteile: Ihre Muttermilch hat erstens einen höheren Gehalt an mehrfach ungesättigten Fettsäuren, was sie leichter verdaulich macht und sich auf die Aktivierung der Immunabwehr des Säuglings positiv auswirkt. Zweitens ist die Muttermilch vegetarisch ernährter Frauen weniger mit Schadstoffen belastet, weil die Nahrungskette Pflanze-Tier-Mensch, in der sich die Schadstoffe immer mehr anreichern, bei ihnen um ein wichtiges Glied – nämlich das Tier – verkürzt ist und die fraglichen Stoffe in erster Linie über tierische Fette weitergegeben werden. Dies gilt insbesondere dann, wenn die Mutter sich schon längere Zeit vegetarisch ernährt hat.

Leitzmann und Hahn formulieren nach der Auswertung entsprechender Studien mit typisch wissenschaftlicher Zurückhaltung: »Eine langjährige vegetarische Ernährung vor der Schwangerschaft kann zu geringeren Schadstoffwerten in der Muttermilch beitragen.« Na, bitte! Ist das nicht wunderbar?

Nicht zu vergessen ist außerdem, dass Vegetarierinnen noch einige andere hohe Trümpfe mit in die Schwangerschaft und Stillzeit einbringen können: Die bereits erwähnte gesündere Lebensweise, den sparsameren Umgang mit Nikotin, Alkohol, Kaffee, Zucker und schwarzem Tee und das seltenere Auftreten von Übergewicht, insulinunabhängigem Diabetes mellitus, koronaren Herzerkrankungen und Bluthochdruck – alles Erkrankungen, die in der Schwangerschaft ein großes Risiko darstellen.

Untersuchungen über vegetarisch ernährte Kinder

Leitzmann und Hahn haben sich in ihrem Buch auch ausführlich mit dem Ernährungs- und Gesundheitsstatus vegetarisch ernährter Kinder beschäftigt und kommen zu dem Schluss: »Eine gut zusammengestellte lakto-(ovo-)vegetarische Ernährung ist in fast allen Entwicklungsphasen für Kinder und Jugendliche geeignet, den Nährstoffbedarf zu decken«.

Schon in den ersten Lebensmonaten haben Kinder vegetarischer Mütter einen großen Vorteil, weil Vegetarierinnen statistisch gesehen ihre Kinder häufiger und länger stillen als Mütter, die sich nicht vegetarisch ernähren.

Leitzmann und Hahn weisen darauf hin, dass sich die Ernährungsgewohnheiten im Kindes- und Jugendalter festigen und üblicherweise auch im Erwachsenenalter beibehalten werden. Deshalb sei es besonders wichtig, »in dieser Phase eine vegetarische Ernährungsweise zu praktizieren, die adäquate Nährstoffmengen liefert und als Dauerkost geeignet ist. Unter diesem Aspekt ist die lakto-(ovo-)vegetarische Ernährung zu empfehlen, sofern sie abwechslungsreich und bezüglich der pflanzlichen Eisen- und Zinkträger gut zusammengestellt wird. Gelingt dies, ist die lakto-(ovo-)vegetarische Ernährung als Dauerkost der Mischkost überlegen.«

Die vegetarische Ernährung hat also in der Schwangerschaft, in der Stillzeit und im ersten Lebensjahr eines Babys nicht nur *keine Nachteile*, sondern sogar *echte Vorteile*! Von diesem Wissen bestärkt, können wir uns nun den besonderen Anforderungen an die Ernährung in diesen verschiedenen Entwicklungsphasen zuwenden. Vorher wollen wir nur noch eine Frage klären: Warum ist es so wichtig, nicht nur einfach Fisch und Fleisch wegzulassen, sondern sich vegetarisch *und* vollwertig zu ernähren?

Warum nicht nur vegetarisch, sondern auch vollwertig?

Die Antwort lautet: Weil die einzelnen Nährstoffe nicht isoliert, sondern am besten in Begleitung ihrer natürlichen Begleitstoffe ihre Wirkung entfalten und weil durch die Vielfalt an Nährstoffen in ein und demselben natürlichen Nahrungsmittel quasi automatisch einer einseitigen Ernährung mit all ihren negativen Folgen und Mangelerscheinungen vorgebeugt wird. Zucker kommt z. B. in vielen Früchten und Gemüsen vor, besonders natürlich im Zuckerrohr und in der Zuckerrübe. Erst die modernen Raffinadetechniken machen es möglich, ihn zu isolieren und als Süßungsmittel ohne jeden weiteren Nährstoffgehalt in Mengen anzubieten. Das gleiche gilt für Fett, das reichlich in Samen und Nüssen oder Gemüsesorten wie der Avocado zu finden ist. Wer ein Schälchen Studentenfutter knabbert, isst etwas Süßes und nimmt Zucker und Fett, gleichzeitig aber auch viele wertvolle Vitamine und Mineralstoffe zu sich und hat ein ganz anderes Gefühl der Sättigung und Zufriedenheit als jemand, der einfach irgend etwas Zuckrig-Klebriges in sich hineingestopft hat.

Ein wichtiges Prinzip der vegetarischen Vollwerternährung besteht folglich darin, Nahrungsmittel möglichst in ihrer ursprünglichen, natürlichen Form zu sich zu nehmen, Auszugsmehle und Fabrikzucker zu meiden, Getreideerzeugnisse (Brot und andere Backwaren, Getreideflocken, Nudeln u. ä.) aus dem ganzen Getreidekorn zu verwenden und viel rohes Obst und Gemüse zu essen. Dies ist eine bewusst vage und offene Definition. Natürlich gibt es strenge Vollwertköstler oder Rohköstler, die selbst Obst- und Gemüsesäfte ablehnen, weil sie »verarbeitet« sind, oder ihr Obst und Gemüse nur roh verzehren. Dies mag jede und jeder halten, wie er oder sie will. Mir ist die offene Variante sympathischer, die nach Belieben auch Anleihen bei anderen Küchen macht (z. B. bei den nahrhaften Würzen und Pasten der Makrobiotik), sich unter Beachtung bestimmter Grundlagen vor allem am eigenen Geschmacksgenuss orientiert und auch mal eine Ausnahme zulässt. Wieso sollen wir nicht ein paar Esslöffel leckere Weizenkeime in unser Müsli streuen, wenn wir damit unsere Versorgung mit B-Vitaminen verbessern können, auch wenn Weizenkeime streng genommen nur einen Teil des ganzen Getreidekorns enthalten? Und warum sollen wir uns nicht gelegentlich ein Stück Schokolade auf der Zunge zergehen lassen? Machen wir unser Essen zu einem gesunden Genuss. Wer nicht genießt, ist ungenießbar!

Mit der gleichen Haltung der Offenheit und gelassenen Zuversicht können wir auch die vegetarische Ernährung in der Schwangerschaft und Stillzeit angehen. Unbestritten ist, dass die besonderen Belastungen und Anforderungen in diesen Zeiten eine besonders gute Ernährung verlangen und der Bedarf an bestimmten Nährstoffen, Vitaminen, Mineralien und Spurenelementen höher ist als sonst. Dem sollten wir Rechnung tragen, indem wir unserem Körper bewusst mehr von den Stoffen anbieten, die er jetzt so dringend benötigt.

Das gleiche gilt für das neugeborene Baby und sein erstes Lebensjahr. Geben wir ihm bewusst alles, was für seine gesunde Entwicklung notwendig ist. Suchen wir dort, wo dies traditionell durch die Gabe von Fleisch abzudecken versucht wird, nach pflanzlichen Alternativen. Und vertrauen wir auf die Fähigkeit des Körpers, sich aus dem Angebot zu nehmen, was er für eine gesunde Entwicklung braucht.

Auf diese Weise geben Sie Ihrem Kind nicht nur einen gesunden Start ins Leben. Sie zeigen sich selbst, ihm und anderen, dass wir nicht nur satt werden, sondern auch gesund essen und genießen können, ohne dass ein Tier dafür leiden oder sterben muss.

Rund und gesund: Vegetarische Ernährung in der Schwangerschaft

Das Leben des vegetarischen Babys beginnt spätestens mit dem Augenblick seiner Zeugung. Während der Schwangerschaft ist seine Versorgung ganz von der Ernährung der Mutter abhängig. Ja, es setzt sich immer mehr die Erkenntnis durch, dass auch das, was die Mutter *vor* dieser Zeit gegessen hat, für den Verlauf einer gesunden Schwangerschaft von großer Bedeutung ist. Das gilt z. B. für die ausreichende Versorgung mit der für alle Prozesse der Zellteilung so wichtigen Folsäure, die Fehlbildungen und Fehlgeburten entgegenwirkt und in der vegetarischen Vollwertkost viel stärker enthalten ist als in der fleischhaltigen Durchschnittskost. Auch die Schadstoffbelastung der Muttermilch fällt, wie wir wissen, geringer aus, wenn die werdende Mutter schon seit längerer Zeit Vegetarierin ist.

Für die Umstellung auf eine gesündere Ernährung ist es also nie zu früh, aber auch nie zu spät. Nutzen Sie die Zeit der Schwangerschaft dazu, noch einmal über all diese Fragen nachzudenken, manches zu verändern und Neues auszuprobieren. Bestimmt werden nicht nur Sie, sondern auch der Rest Ihrer Familie – und vor allem Ihr Baby! – davon profitieren.

Was Sie jetzt besonders brauchen

Gleich zu Anfang ein beruhigender Hinweis: Schwangere Frauen essen oft instinktiv das Richtige. In der Schwangerschaft spüren Sie eine engere Verbindung zu Ihrem Körper und sind sich Ihrer natürlichen Rhythmen stärker bewusst. Wir alle kennen die Witze über die Gelüste nach bestimmten Lebensmitteln, die schwangere Frauen so plötzlich befallen, dass es in diesem Augenblick nichts Wichtigeres für sie gibt. Ich selbst erinnere mich noch sehr gut daran, wie ich im Sturmschritt in den nächsten Laden marschierte, um mit irrer Hast die Zutaten für Eier in Senfsauce aus dem Regal zu zerren – ein Gericht, das ich seit Jahren nicht mehr gegessen hatte, auf das ich jetzt aber mit einem Mal nicht eine Stunde länger verzichten konnte. Und beginnt nicht auch das Märchen vom Rapunzel mit einer schwangeren Frau, die auf den Feldsalat im Garten ihrer Nachbarin so versessen ist, dass ihr Mann zu einer gefährlichen Mission mit den bekannten Folgen aufbricht? Geht man der Sache nach, stellt sich meist heraus, dass die hartgekochten Eier (bestimmte Vitamine) oder der Rapunzelsalat (Eisen) genau das waren, was in diesem Moment zu einer ausgewogenen Ernährung fehlte. Ähnlich ist es wohl auch mit den unüberwindbaren Abneigungen gegen bestimmte Lebensmittel in der Schwangerschaft: Eine innere Stimme bewahrt Sie davor, etwas zu essen, das für Sie jetzt schädlich wäre. In manchen Gesellschaften gibt es während der Schwangerschaft regelrechte Nahrungsmitteltabus, bestimmte Abneigungen werden sozusagen von der gesamten Kultur unterstützt. Vertrauen wir also bei aller Beschäftigung mit ernährungswissenschaftlichen Erkenntnissen in erster Linie unserem Körper, und hören wir darauf, was er uns zu sagen hat.

Deshalb wollen wir auch, wenn wir uns im folgenden Abschnitt mit einzelnen, in der Schwangerschaft besonders wichtigen Nährstoffen befassen, eine ganzheitliche Sicht der Ernährungsfrage nicht aus den Augen verlieren. Eine gesunde Ernährung ist mehr als die Summe einzelner Nährstoffe, die ja gerade erst in der Umgebung ihres natürlichen Vorkommens und im Zusammenwirken mit all ihren Begleitstoffen zur optimalen Entfaltung kommen. Sie ist Nahrung für Leib und Seele, verschafft uns Genuss und trägt dazu bei, dass wir uns wohl fühlen und stark und abwehrkräftig sind. Deshalb müssen wir auch, um uns gesund zu ernähren, weder Kalorien noch Milligramm Eisen, Folsäure oder Zink zählen. Wenn wir wissen, welche Nährstoffe in welchen Nahrungsmitteln stecken, können wir uns eine Positivliste zusammenstellen und anhand dieser Liste aus dem Vollen schöpfen.

Ganz am Anfang

Am Anfang der Schwangerschaft ist das Wachstum des Babys noch so gering, dass kein nennenswerter Mehrbedarf an Nährstoffen besteht – mit Ausnahme der bereits oben erwähnten Folsäure. Wie wir gesehen haben, weiß man inzwischen, dass sogar ein vor Beginn der Schwangerschaft bestehender Folsäuremangel zu Fehlbildungen und Fehlgeburten führen kann. Vegetarierinnen haben zwar eine deutlich geringere Neigung zum Folsäuremangel als ihre nicht-vegetarischen Geschlechtsgenossinnen, weil sie mehr Obst und Gemüse essen. Dennoch sollten Sie schon bei bestehendem Kinderwunsch, spätestens aber von dem Moment an, in dem Sie wissen, dass Sie schwanger sind, ganz bewusst Tag für Tag eine Extraportion folsäurehaltige Nahrung zu sich nehmen. Allerdings ist Folsäure sehr hitze- und sauerstoffempfindlich. Auch Alkohol und bestimmte Antibiotika können Folsäure zerstören, und bei Frauen, die längere Zeit die Pille genommen haben, ist ein Mangel wahrscheinlicher. Schutz vor der Zerstörung des Vitamins bietet aber beispielsweise Vitamin C. Es ist also besonders sinnvoll, folsäurehaltige zusammen mit Vitamin-C-haltigen Lebensmitteln aufzunehmen bzw. solche Lebensmittel zu wählen, die beide Vitamine beinhalten, beispielsweise Orangen. Auch frische grüne Kräuter und Gemüse wie Brokkoli, Mangold, Spinat, Petersilie, Lauch, Grünkohl, Rosenkohl, Chicorée, Fenchel und Löwenzahnsalat sind gute Folsäurelieferanten. Bereiten Sie diese Kräuter und Gemüsesorten in frischer, roher Form zu, da beim Erhitzen 50 – 90 % der Folsäure zerstört werden können. Auch Bananen, Sojabohnen- und Linsensprossen, Hefeflocken, Weizenkeime, Datteln, Walnüsse, Mandeln, Kürbiskerne und Brote mit natürlichem Sauerteig enthalten Folsäure. Frisch gepresster Orangensaft hat sich besonders bewährt. Setzen Sie gleich zu Anfang Ihrer Schwangerschaft diese Nahrungsmittel vermehrt auf Ihren Speiseplan, und gewöhnen Sie sich ab sofort an, einmal am Tag ein großes Glas frisch gepressten Orangensaft zu trinken.

Ab dem vierten Monat

Ab dem vierten Schwangerschaftsmonat steigt der Bedarf an Eiweiß, Kalzium, Magnesium, Eisen, Jod, Zink und den meisten Vitaminen stark an, während der Mehrbedarf an Energie eher gering ist. Es geht also nicht darum, »für zwei« zu essen, wie früher behauptet wurde. Ganz im Gegenteil sollten Sie solche Nahrungsmittel auswählen, die eine Versorgung mit den genannten Nährstoffen sicherstellen, ohne die Energieaufnahme wesentlich zu steigern – kurz, die mehr Inhalt, aber nicht wesentlich mehr Kalorien bringen. Essen Sie also nicht doppelt so viel, sondern doppelt so gut. Dies gelingt auf ganz hervorragende Weise mit allen Lebensmitteln mit hoher Nährstoffdichte, nämlich mit Vollkornprodukten, Nüssen, Samen, Obst und Gemüse – sprich: mit allem, was auf der Zutatenliste der vegetarischen Vollwertküche ohnehin ganz oben steht.

Gewichtszunahme ist normal

Eine Gewichtszunahme während der Schwangerschaft von 9 bis 18 kg ist normal, 10 bis 15 kg gelten als gute Norm. Diese Zunahme erklärt sich nicht nur aus dem Gewicht des Kindes, der Plazenta und der vergrößerten Gebärmutter, sondern auch aus einem vermehrten Körperwasser und etwa 1,5 bis 3,5 kg zusätzlichem Fett, das sich, wie Sie bald merken werden, an Hüften, Bauch und Oberschenkeln festsetzt. Doch keine Angst: Sie und Ihr Kind werden diese Reserven brauchen und *ver*brauchen. Eine kontinuierliche Gewichtszunahme während der Schwangerschaft ist von der Natur vorgesehen, und es wäre töricht, ja sogar gefährlich, dagegen anzugehen. Machen Sie sich jetzt keine Sorgen um Ihre Figur nach der Schwangerschaft. Es wird zwar ein bisschen dauern, aber mit Hilfe einer gesunden vegetarischen Ernährung werden Sie ohne jeden Diätstress zu gegebener Zeit wieder in Ihre Röcke und Hosen passen. Deshalb wollen wir auch gar nicht erst anfangen, Kalorien zu zählen. Nur so viel: Nach neueren Empfehlungen sollen werdende Mütter in der zweiten Schwangerschaftshälfte täglich nur 100 bis 200 Kilokalorien mehr als sonst zu sich nehmen. Verglichen mit dem Mehrbedarf an Vitaminen, Eisen oder Zink ist das nicht viel. Alles in allem kommt es also darauf an, dass Sie nicht viel mehr, sondern noch besser essen und sich für Lebensmittel mit einer hohen Nährstoffdichte entscheiden, die alle erforderlichen Inhaltsstoffe in sich haben.

Wie wir gleich sehen werden, tauchen bei fast allen wichtigen Nährstoffen vor allem Vollkornprodukte als wertvolle Quellen auf. Nutzen Sie die Vorliebe der vegetarischen Vollwertküche für diese Power-Pakete, indem Sie immer wieder und bei allen Gelegenheiten zu Vollkornprodukten greifen. Essen Sie sich an Vollkornbrötchen und -kuchen, nicht an Hefeteilchen und Süßigkeiten satt. Und wählen Sie als Snacks rohes Obst und Gemüse statt Schokoriegel und Kartoffelchips, dann werden Sie nicht nur satt, sondern tanken auch gleich die wichtigsten Nähr- und Mineralstoffe.

Eiweiß

Die wenigsten Sorgen sollte Ihnen die Abdeckung ihres Proteinbedarfs bereiten. Dass Vegetarierinnen und Vegetarier nicht genug Eiweiß bekommen, ist, wie bereits angesprochen, eine veraltete Mär. Und auch der Mehrbedarf während der Schwangerschaft lässt sich ganz leicht durch eine Betonung pflanzlicher Proteinträger (Vollkornprodukte, Linsen, Bohnen, grünes Gemüse, Nüsse und Samen) erreichen. Erdnussmus, Tahin (Sesammus), Hummus (Kichererbsenpaste), Weizenkeime und alle Produkte aus Sojabohnen (Sojadrink, Sojaghurt, Tofu, Brotaufstriche) sind weitere leckere Proteinquellen.

Falls Sie sie noch nicht kennen, sollten Sie unbedingt einmal die Körner der Quinoa-Pflanze probieren, die im Reformhaus, im Naturkostladen und in Dritte-Welt-Läden erhältlich sind. Die traditionelle Kulturpflanze der Anden enthält mehr Eiweiß als vergleichbare Pflanzen, und in seiner Zusammensetzung ist es ebenso hochwertig wie das der Milch. Die kleinen hirseähnlichen Körner lassen sich wie Reis zubereiten und schmecken salzig wie süß gleichermaßen gut. Im Rezeptteil finden Sie einige Beispiele für ihre Verwendung.

Fett

Beim Fett gibt es während der Schwangerschaft keine wesentliche Bedarfserhöhung. Wichtig ist jedoch, dass Sie vor allem wertvolle ungesättigte Fette zu sich nehmen. Nahrungsmittel tierischer Herkunft haben sehr viel höhere Anteile an gesättigten Fettsäuren als pflanzliche. Wenn Sie also den Verzehr von Milchprodukten in Grenzen halten, kommen Sie in dieser Hinsicht ganz von selbst zu einem ausgewogenen Verhältnis. Ganz darauf verzichten sollten Sie allerdings nicht, da Milchfett eine wertvolle Quelle fettlöslicher Vitamine ist.

Viele Vollwertköstlerinnen und Vollwertköstler bevorzugen Butter, weil sie im Vergleich zum Kunstprodukt Margarine ein natürlicheres und weniger verarbeitetes Nahrungsmittel ist. Wenn Sie lieber Margarine verwenden, sollten Sie eine Sorte wählen, die keine gehärteten Fette enthält. Bei der Fetthärtung entstehen nämlich verschiedene Substanzen als Nebenprodukte, deren Wirkungen im Körper noch immer nicht vollständig bekannt sind. Weitere pflanzliche Fettquellen sind Avocados, Nüsse und Samen und natürlich Pflanzenöle. Wegen seiner ausgewogenen Mischung von gesättigten und ungesättigten Fettsäuren ist Olivenöl besonders empfehlenswert. Sein herzhaftes Aroma verleiht vielen Gerichten außerdem genau den richtigen Pfiff. Damit Sie geschmacklich variieren können, sollten Sie stets ein zweites Öl geöffnet halten. Gut geeignet sind Färberdistelöl oder Sonnenblumenöl. Am besten sind natürlich kalt gepresste (native) Öle aus kontrolliert biologischem Anbau.

Kohlenhydrate

Eiweiße und Fette spielen in der vegetarischen Vollwertkost eine wichtige, aber letztlich untergeordnete Rolle. Wichtigste Energielieferanten sollten auch in der Schwangerschaft die Kohlenhydrate sein. Mindestens die Hälfte Ihrer Nahrungsenergie sollten Sie in Form überwiegend komplexer Kohlenhydrate, also hauptsächlich in Form von Stärke, zu sich nehmen. Kohlenhydratreiche Lebensmittel wie Vollkornprodukte, Kartoffeln und Hülsenfrüchte liefern nebenbei wertvolle Ballaststoffe, Mineralstoffe und Vitamine und entsprechen in besonderem Maße der Forderung nach einer hohen Nährstoffdichte. Vollkornbrot, Vollkornnudeln, Getreide oder Kartoffeln sollten bei allen Ihren Gerichten die Hauptzutaten sein. Probieren Sie als Zwischenmahlzeit ein trockenes Vollkornbrötchen oder Vollkorn-Rosinenbrötchen, und wenn Besuch kommt oder es einfach mal etwas Süßes sein muss, greifen Sie statt zu Windbeuteln oder Sahnetorte lieber zu einem Stück Vollkornkuchen. Komplexe Kohlenhydrate machen nicht dick, sondern richtig satt und liefern genau die Energie, die Sie brauchen, ohne Ihren Organismus zu sehr zu belasten.

Vitamine

Vitamine werden allgemein in wasserlösliche und fettlösliche Vitamine unterteilt. Die wasserlöslichen Vitamine, darunter Vitamin C, der Vitamin B-Komplex und die Folsäure, können nicht im Körper gespeichert werden und müssen deshalb jeden Tag aufs neue mit der Nahrung aufgenommen werden. Sie finden sich in verschiedenen Anteilen in grünem Gemüse wie Avocados, grünen Bohnen, Brokkoli, Rosenkohl, Grünkohl, Gurken, Lauch, Paprika, Salat, Spinat, Sprossen, Mangold sowie in Zitrusfrüchten, Kiwis, Melonen und in Hefeflocken.

Zu den fettlöslichen Vitaminen, die vom Körper gespeichert werden können und deshalb nicht täglich aufgenommen werden müssen, gehören die Vitamine A, D und E. Sie sind in gelben Gemüsesorten wie Möhren, Mais, Steckrüben, Kürbis, Süßkartoffeln und Melonen sowie in einigen grünen Gemüsesorten wie Grünkohl und Brokkoli, aber auch in Mandeln, Sesamsamen und Pflanzenölen enthalten.

Während der Schwangerschaft besteht ein Mehrbedarf an den wasserlöslichen Vitaminen C, B_1, B_2, B_6, B_{12}, Folsäure und Niacin sowie bei den fettlöslichen Vitaminen A, E und D.

Vitamin C ist ein sogenannter Radikalfänger; es regt die Immunabwehr an und sorgt für gesunde Haut, Knochen und Zähne. Es fördert die Wundheilung, stärkt das Bindegewebe und fördert die Geschmeidigkeit des Gewebes und der Blutgefäße. Außerdem unterstützt es die Aufnahme von Eisen und ist deshalb für vegetarisch lebende Menschen sowie in der Schwangerschaft ganz besonders wichtig. Vitamin C findet sich reichlich in frischem Obst und Gemüse. Besonders viel Vitamin C enthalten Paprika, grünes Gemüse wie Brokkoli und Grünkohl, Hagebutten, Sanddorn, schwarze Johannisbeeren, Erdbeeren, Äpfel und Kartoffeln und Südfrüchte wie Zitrusfrüchte, Mangos, Kiwis, Papayas und Guaven. Die ausreichende Versorgung mit Vitamin C ist für Vegetarierinnen und Vegetarier kein Problem.

Vitamin B$_1$ spielt beim Kohlenhydratstoffwechsel eine wichtige Rolle und fördert Nerven- und Muskelfunktionen. Der Bedarf an Vitamin B$_1$ ist in der Schwangerschaft erhöht. Wer bevorzugt Vollkornprodukte, Vollkornreis, Hülsenfrüchte und Kartoffeln isst, nimmt spielend genug Vitamin B$_1$ zu sich. Weitere gute Quellen sind Hefeflocken, Erdnüsse, Sonnenblumenkerne, Weizenkeime, Blumenkohl, Erbsen, Orangen, Bananen und Steinobst.

Vitamin B$_2$ ist am Fett-, Eiweiß- und Kohlenhydratstoffwechsel beteiligt und schützt die Sehkraft. Die Versorgung mit Vitamin B$_2$ ist für Vegetarierinnen und Vegetarier kein Problem, wenn sie Milch, Käse, Eier, Vollkornerzeugnisse und viel Gemüse zu sich nehmen. Vor allem in Mandeln, Nüssen, Champignons, Avocados, Brokkoli, Spinat, Grünkohl, Rosenkohl, Spargel, Weizenkeimen, Hirse und Hefeflocken ist reichlich Vitamin B$_2$ enthalten. Frauen, die längere Zeit die Pille genommen haben, sollten bevorzugt zu diesen Nahrungsmitteln greifen, da bei ihnen eine gewisse Neigung zum Vitamin-B$_2$-Mangel besteht.

Mit dem am Eiweißstoffwechsel beteiligten und die körpereigene Abwehr stärkenden **Vitamin B$_6$** sind Vegetarierinnen im Vergleich zu Nicht-Vegetarierinnen besser versorgt. Vollkornreis, Hirse, Kohl, grüne Bohnen, Linsen, Kartoffeln, Bananen, Weizenkeime, Hefeflocken, Honigmelonen, Bananen, Avocados, Sojabohnen, Blumenkohl, Walnüsse, Paprika und Feldsalat sind gute Vitamin-B$_6$-Lieferanten. Wenn Sie in der Schwangerschaft an Übelkeit und Erbrechen leiden, sollten Sie sich besonders an diese Nahrungsmittel halten, da eine gute Versorgung mit Vitamin B$_6$ diese Beschwerden lindern kann.

Im Zusammenhang mit dem Vitamin-B-Komplex sollten wir auch das **Vitamin B$_{12}$** erwähnen. Es sorgt für die Blutbildung, hilft beim Aufbau des Nervensystems und trägt zum allgemeinen Wohlbefinden bei. In der Diskussion um die vegetarische Ernährung spielt dieses Vitamin oft eine große Rolle, da es fast nur in Nahrungsmitteln tierischen Ursprungs vorkommt. Weil Vitamin B$_{12}$ jedoch im Körper gespeichert wird und außerdem »recyceld« werden kann, treten Mangelerscheinungen erst dann auf, wenn man jahrelang strikt auf alle Nahrungsmittel tierischen Ursprungs (also auch auf Eier und Milchprodukte) verzichtet und keine alternativen Vitamin-B$_{12}$-Quellen anzapft. Deshalb halte ich Eier und Milchprodukte zumindest in Maßen für empfehlenswert. Vor allem körniger Frischkäse, Edamer, Emmentaler, Gruyère, Tilsiter, Quark, Kefir und Dickmilch haben sich im Hinblick auf die Versorgung mit Vitamin B$_{12}$ bewährt.

Vitamin A ist wichtig für die Abwehrkraft gegen Infektionen und fördert die Entwicklung der Zellen, Knochen, Zähne und der Sehkraft. Der Radikalfänger Carotin ist die Vorstufe, also das »Provitamin«, aus dem der Körper selbst Vitamin A herstellen kann. In dieser Form liegt das Vitamin in pflanzlichen Nahrungsmitteln vor. Gute Quellen sind Käse, Butter und Eier sowie Obst und Gemüse wie Karotten, rote Paprika, Grünkohl, Feldsalat, Wirsing, Brokkoli, Mangold und Spinat, Rote Bete, Mangos, Papayas, Sauerkirschen und frische oder getrocknete Aprikosen. Geringe Mengen Fett in Form eines guten Pflanzenöls verbessern die Aufnahme des Carotins.

Vitamin D regelt den Kalziumhaushalt und ist an der Herausbildung von Knochen und Zähnen beteiligt. Der Vitamin-D-Gehalt ist in den meisten Lebensmitteln gering, weshalb die Versorgung sowohl bei vegetarischen als auch nicht-vegetarischen Personen problematisch sein kann. Am ehesten findet sich Vitamin D in Eigelb, Butter und Milch sowie in pflanzlichen Lebensmitteln wie Avocados, Steinpilzen, Morcheln, Margarine und Pflanzenölen. Vitamin D muss aber nicht unbedingt mit der Nahrung aufgenommen werden. Unter Einwirkung von UV-Licht ist der Körper in der Lage, das Vitamin selbst herzustellen – ein weiterer Grund dafür, sich oft im Freien aufzuhalten. Machen Sie jeden Tag einen mindestens halbstündigen Spaziergang, und lassen Sie dabei möglichst viel Haut von der Sonne bescheinen.

Vitamin E fördert die Durchblutung und schützt die Zellen vor freien Radikalen, Blutverklumpungen und DNA-Schäden durch Umweltgifte. Es kommt besonders in unraffinierten Pflanzenölen (z. B. Weizenkeim-, Sonnenblumen-, Erdnuss- und Sojaöl), Getreide und Getreideprodukten, Haselnüssen, Mandeln, Fenchel, Schwarzwurzeln, Wirsingkohl, Sojabohnen und vor allem Weizenkeimen vor. Die Vitamin-E-Versorgung liegt bei Vegetarierinnen und Vegetariern meist höher als bei der Durchschnittsbevölkerung. Auch die Deckung eines Mehrbedarfs ist bei einer vollwertigen Ernährung kein Problem.

Mineralstoffe
Die Versorgung mit Vitaminen ist also für schwangere Vegetarierinnen unter Einhaltung gewisser Regeln ein Kinderspiel. Wie aber sieht es mit Mineralstoffen und Spurenelementen aus?
Kalzium wird für die Bildung von Knochen und Zähnen, gesundes Blut und eine optimale Blutgerinnung gebraucht. Es hilft bei der Nutzung von

Eisen und bei der Regulation der Nährstoffversorgung der Zellen. Der Bedarf an Kalzium ist während der Schwangerschaft stark erhöht, denn schließlich muss sich in dieser Zeit das Skelett des Kindes herausbilden. Einige Zahlen mögen die Dimension des Mehrbedarfs verdeutlichen: Die *Deutsche Gesellschaft für Ernährung* empfiehlt schwangeren Frauen, pro Tag 400 mg Kalzium mehr als sonst, also täglich 1200 mg Kalzium aufzunehmen. Insgesamt werden im Laufe der Schwangerschaft etwa 30 g Kalzium an das Kind abgegeben. Nimmt die Mutter zu wenig Kalzium mit der Nahrung auf, greift der Körper auf das mütterlichen Knochengewebe und die Zähne zurück. In dem Fall können die mütterlichen Knochen demineralisiert und die Zähne geschädigt werden. Das alte Sprichwort »Jedes Kind ein Zahn« hat hier seinen Ursprung. Lassen Sie sich aber davon nicht erschrecken. Heute kennen wir die Zusammenhänge und können ganz gezielt dagegenhalten.

Außerdem ist die Resorptionsrate für Kalzium in der Schwangerschaft deutlich erhöht, d. h. aus der gleichen mit der Nahrung aufgenommenen Menge wird vom Körper mehr Kalzium gewonnen. Die Plazenta selbst bildet einen Stoff, der die Kalziumaufnahme erhöht. Am besten lässt sich der Bedarf durch Milchprodukte decken; vielleicht gewöhnen Sie sich gleich zu Beginn der Schwangerschaft an, ein großes Glas Milch oder Buttermilch am Tag mehr zu trinken.

Wenn Sie, wie ich, nicht so gern Milch trinken oder keine Milchprodukte vertragen, bietet sich als Alternative selbstgemachtes Sojaghurt aus Vanille-Sojadrink mit Kalzium an. Elektrische Joghurtbereiter (Elektrohandel) sind nicht teuer und helfen uns letztlich sparen, weil wir nicht mehr auf fertigen Joghurt oder Sojaghurt angewiesen sind. Im Reformhaus bekommen Sie ein speziell für die Bereitung von Sojaghurt geeignetes Ferment mit rechtsdrehenden Milchsäuren und einen mit Kalzium angereicherten Vanille-Sojadrink. Der Vanillezusatz mildert den für manche vielleicht noch etwas ungewohnten Sojageschmack, so dass Sie Ihr selbstgemachtes Vanille-Sojaghurt pur, vermischt mit einem Löffel süßem Brotaufstrich, frischem Obst oder Müsli genießen können. Heben Sie von jeder »Ernte« ein Gläschen auf, und setzten Sie es mit einem neuen Liter Sojadrink an. Auf diese Weise haben Sie immer Nachschub für Ihre tägliche Kalzium-Extraportion.

Weitere Kalziumquellen sind Hart- und Schnittkäse (Quark und Sauermilchkäse wie Harzer und Handkäse sind weniger empfehlenswert, weil ein Großteil des Kalziums bei der Herstellung in die Molke übergeht), getrocknete Feigen, Datteln, Nüsse, Grünkohl, Spinat, Mangold, Brokkoli, Sojabohnen, frischer Möhrensaft, Sonnenblumenkerne, Meeres-Algen, Sesamsamen und Tahin (Sesammus). Auch Tofu kann eine gute Kalziumquelle sein, vor allem, wenn er mit Kalziumsulfat hergestellt wurde (es lohnt sich, im Naturkostladen nachzufragen).

Vor der Einnahme freiverkäuflicher Kalziumpräparate auf bloßen Verdacht hin muss dringend gewarnt werden, da ein künstliches Kalziumüberangebot im Körper zu einer Aktivierung der glatten Muskulatur im Körper und damit zu Gebärmutterkontraktionen und Frühgeburten führen kann. Zu viel Kalzium kann außerdem zu einer übermäßigen »Verkalkung« von Knochen und anderen Geweben (wie z. B. der Leber) führen, das Nervensystem beeinträchtigen und der in der Schwangerschaft so wichtigen Aufnahme von reichlich Zink im Wege stehen. Außerdem kommt es bei der Verwertung von Kalzium wie bei allen anderen Nährstoffen auch auf die Begleitstoffe an. Besonders wichtig ist auch das Verhältnis von Kalzium zu Magnesium, das in etwa 2:1 betragen sollte. Magnesium sowie die Vitamine A, C, D und E tragen zu einer optimalen Nutzung des Kalziums bei. Überdies ist die Kalziumaufnahme von der Phosphorzufuhr abhängig. In dieser Hinsicht hat die Natur vorgesorgt, denn Kalzium und Phosphor kommen häufig in den gleichen Nahrungsmitteln vor. Wieder einmal besteht also die klügste Lösung darin, mehr Nahrungsmittel zu essen, die Kalzium enthalten, anstatt zu künstlichen Nahrungsergänzungen zu greifen. Auch die als mildes Abführmittel so beliebte Kleie hemmt die Kalziumresorption und sollte deshalb lieber nicht zum Einsatz kommen. (Die vegetarische Vollwertkost ist ohnehin so ballaststoffreich, dass zusätzliche Kleiegaben gar nicht benötigt werden.)

Magnesium ist für die Blutbildung wichtig und unterstützt die Funktionen der Zellen im Nerven- und Muskelsystem. Auch bei diesem Mineralstoff besteht in der Schwangerschaft ein deutlicher Mehrbedarf. Vor allem, wenn Sie unter nächtlichen Wadenkrämpfen und unruhigen Beinen leiden, sollten Sie verstärkt zu natürlichen Magnesiumquellen greifen. Dies sind alle Vollkornprodukte und Hülsenfrüchte, Aprikosen, Mandeln, Paranüsse, Erdnüsse, Weizenkeime, Brokkoli, Kartoffeln, Bohnen, Linsen, Bananen, Sojabohnen, Hirse und Haferflocken. Da all diese Nahrungsmittel bei schwangeren Vegetarierinnen ohnehin häufig auf dem Speiseplan stehen, ist die ausreichende Versorgung mit Magnesium für sie meist kein Problem. Magnesiumpräparate sind deshalb überflüssig. Sie haben außerdem den großen Nachteil, dass sie die Kalziumaufnahme hemmen.

Von den **Spurenelementen** besteht für Schwangere vor allem bei Eisen, Phosphor, Zink und Jod ein Mehrbedarf. Auf das äußerst wichtige **Eisen** wollen wir im anschließenden Kapitel (ab Seite 35) gesondert eingehen.

Phosphor hat für den Stoffwechsel der Zellen große Bedeutung. Da Phosphor so gut wie in jedem Lebensmittel enthalten ist, ist es aber sowohl für vegetarische als auch für nicht-vegetarische Schwangere überhaupt kein Problem, den erhöhten Phosphorbedarf zu decken. Eine zu hohe Phosphoraufnahme dagegen kann die Kalziumaufnahme behindern. Besonders viel Phosphor findet sich in Fast Food wie Hamburgern und Bratwürstchen. Da diese ohnehin wenig Kalzium enthalten, droht Fast-Food-Fans besonders leicht ein Kalziummangel. Vegetarierinnen und Vegetarier, die um Fast-Food-Restaurants einen großen Bogen machen, sind in dieser Hinsicht wieder einmal gut beraten.

Zink wird für die Zellteilung und Zellerneuerung, für das Immunsystem sowie die Entwicklung der Fortpflanzungsorgane gebraucht. Bei der Versorgung mit Zink können auch bei schwangeren Vegetarierinnen Engpässe auftreten, deshalb sollten Sie möglichst oft zinkreiche Lebensmittel verwenden. Zink findet sich in Sonnenblumenkernen, Kürbiskernen, gekochten Hülsenfrüchten, Linsen- und Bohnensprossen, grünem Blattgemüse, Mais, Erbsen, Spargel, Mangos, Hefeflocken, Pilzen, Sesamsamen und Sesammus (Tahin), Miso, Weizenkeimen und Sojabohnen.

Die ausreichende Versorgung mit **Jod** ist in Deutschland ein Problem, da wir in einem Jodmangelgebiet leben. Da der Jodmangel an das Kind weitergegeben und zu einer angeborenen Schilddrüsenunterfunktion führen kann, werden – vegetarischen wie nicht-vegetarischen – Schwangeren deshalb meist routinemäßig Jodtabletten verschrieben. Grundsätzlich ist zu empfehlen, Meersalz oder jodiertes Speisesalz zu verwenden und bei Grundnahrungsmitteln wie Brot darauf zu achten, dass sie mit einem jodhaltigen Salz hergestellt wurden. Probieren Sie außerdem die leckeren Gerichte mit Meeres-Algen im Rezeptteil. Algen enthalten hochwertiges Eiweiß, Vitamine und Ballaststoffe, aber wenig Fett und Kalorien. Besonders wertvoll ist ihr hoher Gehalt an Mineralien und seltenen Spurenelementen. Sie enthalten u. a. Kalzium, Magnesium, Kalium, Silizium, Kupfer, Selen, Zink und vor allem so viel Jod, dass Sie Ihren Jodbedarf spielend decken können, wenn Sie einmal pro Woche eine Handvoll eingeweichte und klein geschnittene Algen in einen Salat oder ein Gemüsegericht mischen.

Lieber keine Vitaminpillen

Offensichtlich lässt sich also für jeden wichtigen Nährstoff mindestens ein Lebensmittel finden, das durch seinen hohen Gehalt an eben diesem Stoff die Versorgung sichert. Solange Sie also Ihre vegetarischen Mahlzeiten gezielt zusammenstellen, brauchen Sie auch in der Schwangerschaft und Stillzeit keine zusätzlichen Vitaminpräparate.

Trotzdem werden vegetarischen wie nicht-vegetarischen Müttern solche Präparate manchmal förmlich aufgedrängt. Ja, einige Firmen haben sogar Pillen mit einem speziellen Vitamincocktail für Schwangere auf den Markt gebracht – angesichts der verständlichen Angst vieler Mütter vor einer Unterversorgung wahrscheinlich ein gutes Geschäft.

Außerdem findet sich in wissenschaftlichen Studien immer wieder die Feststellung, dass Vegetarierinnen und Vegetarier besonders häufig Nahrungsergänzungsmittel einnehmen, ohne dafür einen konkreten Grund angeben zu können. Da sie oft in Reformhäusern einkaufen, wo die Regale meterlang mit Nahrungsergänzungsmitteln gefüllt sind, greifen viele vielleicht schon allein wegen des großen Angebots und der damit verbundenen Versprechungen zu solchen Präparaten.

Wer sich ausgewogen ernährt, braucht jedoch keine Vitaminpillen. Bestenfalls sind sie herausgeworfenes Geld, schlimmstenfalls kommt es wegen einer Überdosierung zu gesundheitlichen Schäden. Vitamine treten in natürlichen Nahrungsmitteln niemals isoliert auf, und der komplexe Prozess ihres Zusammenwirkens mit anderen Stoffen, z. B. den sogenannten sekundären Pflanzeninhaltsstoffen, ist bis heute nicht vollständig erforscht. Deshalb ist es immer besser, Vitamine zusammen mit ihrem »Umfeld«, also ihren natürlichen Begleitstoffen, zu sich zu nehmen. Mehr Vitamine führen nicht zwangsläufig auch zu einer besseren Vitaminversorgung. Im Gegenteil, hohe isolierte Vitamingaben können das natürliche Gleichgewicht stören und bergen das Risiko der Überdosierung. Vor allem bei den fettlöslichen Vitaminen kann es zu bedenklichen Anreicherungen kommen, die dem ungeborenen Kind schaden. Greifen Sie also nur im Notfall und bei einem ganz konkreten Verdacht auf einen bestimmten Mangel zu Ergänzungspräparaten, und vertrauen Sie lieber auf die positive Wirkung eines gesunden, ausgewogenen Ernährungs-Zusammenspiels.

Gute Lebensmittel auswählen

Wenn Sie es bisher noch nicht getan haben, sollten Sie spätestens jetzt darüber nachdenken, woher Ihre Nahrungsmittel eigentlich kommen und wie sie auf dem Weg zu Ihnen möglicherweise behandelt wurden. Viele werdende Mütter machen sich Sorgen über die Schadstoffbelastung der Nahrungsmittel, die sie täglich zu sich nehmen, manche finden jetzt vielleicht zum ersten Mal den Weg in einen Naturkostladen. Die Entscheidung für eine vegetarische Kost ist der erste Schritt dazu, die Schadstoffaufnahme zu reduzieren. Fleisch ist von allen Lebensmittelgruppen am meisten schadstoffbelastet, weil die Tiere durch die lange Nahrungskette zahlreiche Umweltgifte aufnehmen und außerdem durch die beklagenswerte Verbreitung der Massentierhaltung mit Medikamenten, Wachstumshormonen u. ä. vollgepumpt werden, die bis zu dem Zeitpunkt, an dem das Kotelett endlich auf dem Teller landet, längst noch nicht abgebaut sind. Lebensmittel pflanzlichen Ursprungs sind also von großem Vorteil, aber natürlich können auch sie unter Umständen mit Pestiziden, Kunstdüngern und Mitteln zur Haltbarmachung traktiert sein. Grundsätzlich ist es immer vorteilhaft, regional erzeugte Lebensmittel der jeweiligen Saison zu verwenden, denn was weniger lange transportiert und gelagert wird, muss nicht erst künstlich aufgepeppt und haltbar gemacht werden. Versuchen Sie deshalb, sich beim Obst- und Gemüsekauf zumindest grob am Angebot der Jahreszeit auszurichten. Auch Ihre Geschmacksknospen werden es Ihnen danken – wer einmal das intensive Aroma einer erntefrischen Tomate gekostet hat, kann auf die wässrigen Treibhaustomaten im Winter gut verzichten.

Greifen Sie so oft wie möglich auf Lebensmittel aus kontrolliert biologischem Anbau zurück – auf diese Weise tun Sie nicht nur sich und Ihrem Baby etwas Gutes, sondern unterstützen auch vernünftige Anbaumethoden, die den Boden nicht auslaugen und der Verseuchung unseres Trinkwassers mit Gülle- und Pestizidresten entgegenwirken. Kürzere Transportwege sparen außerdem jede Menge LKW-Kilometer, Abgase und Benzin. Schauen Sie sich deshalb regelmäßig auch auf einem Wochenmarkt in Ihrer Nähe nach Obst und Gemüse aus Ihrer Region um.

Seien Sie andererseits aber auch nicht allzu streng mit sich. Schließlich wollen Sie in erster Linie neue Genüsse hinzugewinnen und nicht wichtigen Genüssen entsagen. So fiele es mir z. B. unglaublich schwer, auf meine tägliche Banane zu verzichten, auch wenn ich weiß, dass sie viele, viele Flugzeugkilometer zurücklegen muss, um endlich auf meiner Zunge zu zerschmelzen. Ich akzeptiere die Macht der Bananenlust und konnte trotz des Spotts vieler Besserwessis in der ersten Zeit nach dem Fall der Berliner Mauer gut verstehen, dass manch bananenentwöhnter Mensch sich allein aus diesem Grund vom revolutionären Strudel mitreißen ließ.

Genuss muss dabei sein! Halten wir uns an dieses Prinzip, damit wir nicht zu mehrfach ungesättigten Sauertöpfen werden. Ernähren wir uns vollwert-*köstlich*, zeigen wir uns und unseren Mitmenschen, wie lecker und genüsslich Vegetarisches schmecken kann. Wer weiß, vielleicht gelingt uns auf diesem Wege ganz allmählich auch eine Art friedliche Revolution.

Verschiedene Quellen für Bio-Lebensmittel
Auf viele wirkt der höhere Preis von Bio-Produkten abschreckend, und das ist sehr verständlich, vor allem, wenn man ohnehin eher knapp bei Kasse ist. Vielleicht können Sie sich aber auch einer Einkaufs-Kooperative (»Food-Coop«) in Ihrer Nähe anschließen, die größere Mengen von Bio-Lebensmitteln billiger bezieht, oder es gibt einen Biobauernhof mit Wochenmarktstand oder Hofladen in Ihrer Nähe, bei dem Sie zum Vorzugspreis Stammkundin werden könnten. Schließlich kann ein eigenes Stückchen Garten eine wunderbare Quelle biologisch angebauter Nahrungsmittel sein. Dabei kommt es nicht auf die Größe und schon gar nicht auf die Schönheit an. Je weiter die Schwangerschaft fortschreitet, desto mühsamer wird die Gartenarbeit, deshalb sollten wir uns nicht von irgendwelchen gestalterischen Ansprüchen unter Druck setzen lassen. Aber jeder selbst geerntete Salatkopf, jedes frische Bund aus dem eigenen Kräuterbeet, jede Tomate aus dem Kübel auf dem Balkon schmeckt tausendmal besser als das gekaufte Pendant, und Dinge wachsen, blühen und reifen zu sehen, fügt sich auf wunderbare Weise in die Grundstimmung der Schwangerschaft ein. Später ist dann der Kinderwagen dabei, während Sie in Beeten, Kübeln oder Kästen pusseln und gemeinsam gesunde Frischluft schnappen, und ein Jahr später tapst Ihr Baby schon über den frischgekeimten Spinat ...

Der Hb-Wert – ein heißes Eisen

Kaum einem anderen Thema gilt in der Diskussion über die vegetarische Ernährung so viel Aufmerksamkeit wie dem Eisen. Da es auch in der Schwangerschaftsvorsorge eine große Rolle spielt, müssen wir uns im Rahmen dieses Kapitels etwas ausführlicher damit befassen.
Vorweg gleich eine Tatsache: Die ausreichende Versorgung mit Eisen ist keinesfalls nur ein Problem von Vegetarierinnen. Eisenmangel gilt als der am weitesten verbreitete Nährstoffmangel weltweit. Die derzeit geltenden Normwerte vorausgesetzt, leiden etwa 20 % der Bevölkerung an Eisenmangel. Wegen der Eisenverluste durch die Menstruation wird bei Frauen im gebärfähigen Alter dieser Mangel besonders häufig festgestellt. Auch in der Schwangerschaft kommt es bei nicht-vegetarischen ebenso wie bei vegetarischen Frauen meist zu einem Absinken des Eisenspiegels. Die *Deutsche Gesellschaft für Ernährung* empfiehlt für Frauen vor der Menopause eine tägliche Eisenzufuhr von 15, in der Schwangerschaft von 30 mg.

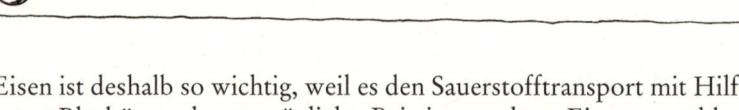

Eisen ist deshalb so wichtig, weil es den Sauerstofftransport mit Hilfe der roten Blutkörperchen ermöglicht. Bei einem echten Eisenmangel kommt es zu Beeinträchtigungen des sauerstoffabhängigen Stoffwechsels, es gibt zu wenige rote Blutkörperchen oder zu wenig Hämoglobin im Blut. Erste Anzeichen sind Erschöpfung, Kopfschmerzen und Abgeschlagenheit.

Der Eisenbedarf ist in der Schwangerschaft deshalb erhöht, weil für das Kind ein Eisenspeicher angelegt und Eisen in Plazenta und Uterus eingelagert wird. Außerdem kommt es während der Geburt zu einem ziemlich großen Blutverlust. Darüber hinaus steigt das mütterliche Blutvolumen während der Schwangerschaft enorm an, so dass sich die Anzahl der roten Blutkörperchen auf das vermehrte, »verdünnte« Blutvolumen verteilt.

Deshalb werden Sie auch bei jeder Kontrolluntersuchung in den Finger gepiekt, und aus Ihrem Blut wird der Hb-(Hämoglobin-)Wert ermittelt. Hämoglobin ist der Farbstoff der Blutkörperchen, bestehend aus dem Eiweiß Globin und dem rotgefärbten Häm. Es wird gemessen, wieviel Gramm Hämoglobin sich in 100 ml Blut befinden. (Wer wirklich sicher gehen will, sollte übrigens lieber den Ferritinspiegel messen lassen. Ferritin ist eine Speicherform des Eisens, dessen Gehalt wesentlich aussagekräftiger ist als der Hb-Wert.) Liegt Ihr Hb-Wert nicht im oberen Normbereich, werden Ihnen wahrscheinlich Eisenpräparate verschrieben. Wenn Sie dann einwenden, Sie würden das drohende Defizit lieber durch eine gezielte Ernährung auffangen, heißt es möglicherweise, bei Vegetarierinnen wäre das besonders schwierig. Dazu sollten Sie folgendes wissen:

Nicht alles Eisen, das dem Körper zugeführt wird, wird von ihm auch aufgenommen. Es kommt hier nämlich darauf an, in welcher Form das Eisen in den jeweiligen Nahrungsmitteln vorliegt.

Unterschiedliche Verwertbarkeit

Unbestritten ist, dass das organische Häm-Eisen in Nahrungsmitteln tierischen Ursprungs eine höhere Bioverfügbarkeit besitzt. In pflanzlichen Nahrungsmitteln findet sich ausschließlich freies anorganisches Eisen, vor allem in der drei-, in geringerem Umfang auch in der besser verwertbaren zweiwertigen Form. Man nimmt an, dass der Körper bei einer gemischten Kost rund 10 % des in der Nahrung enthaltenen Eisens aufnimmt. Beim Eisen aus Fleisch und Fleischprodukten liegt die Rate bei etwa 20 %, bei pflanzlichen Nahrungsmitteln bei nur 3 – 8 %.

Aber nicht nur die Bioverfügbarkeit ist für die tatsächliche Aufnahme von Eisen ausschlaggebend. Sie hängt auch von der Anwesenheit aufnahmefördernder und -hemmender Faktoren ab, wobei das Häm-Eisen tierischer Herkunft weniger von solchen Faktoren beeinflusst wird. Mit anderen Worten: Vegetarierinnen und Vegetarier müssen stärker darauf achten, womit sie eisenhaltige Nahrungsmittel kombinieren.

Außerdem ist der Körper offenbar in der Lage, die Aufnahmerate flexibel zu verändern, sie bei starkem Eisenbedarf bis auf etwa 40 % zu erhöhen und bei einem Überangebot an Eisen bis auf etwa 5 % zu senken. Dem Eisenmangel in der Schwangerschaft beugt der Körper von sich aus dadurch vor, dass er die Resorptionsrate bis auf das Dreifache erhöht.

Eisenpräparate: ja oder nein?

Eisenpräparate sind in dieser Situation nicht immer die beste Lösung. Leitzmann und Hahn weisen darauf hin, dass eine Steuerung der Eisenaufnahme von außen ohnehin nur innerhalb bestimmter Grenzen möglich ist. Ein erhöhter Bedarf kann trotz einer verbesserten Ausnutzung des Eisens nicht gedeckt werden, wenn aufnahmehemmende Substanzen im Spiel sind. Andererseits kann aber auch eine erhöhte Zufuhr des gut verfügbaren Häm-Eisens zu einer Eisenüberladung führen, da sich die Aufnahme nicht ausreichend begrenzen lässt. Auch ein erhöhter Eisenspiegel ist mit negativen gesundheitlichen Folgen verbunden. Das Infektionsrisiko ist größer, und bestimmte Erkrankungen wie Arteriosklerose und Krebs treten häufiger auf. Deshalb reagiert der Körper auf eine bakterielle Infektion auch mit einer Senkung des Eisenspiegels: Die Verfügbarkeit des für das Bakterienwachstum notwendigen Eisens wird herabgesetzt. Und genau darin sieht man heute auch vermehrt den Grund für das Absinken der Eisenwerte gegen Ende der Schwangerschaft: Der Körper schützt sich dadurch selbst vor Infektionen bei der Geburt. Ähnliches gilt übrigens auch für die niedrigen Eisenwerte während der Menstruation. Schließlich wird durch die Monatsblutung gewissermaßen eine Eintrittspforte für Keime geschaffen. Hinter so manchem »Eisenmangel« steckt also eine ganz natürliche Schutzwirkung, über die wir uns nicht so ohne weiteres hinwegsetzen sollten.

Udo Pollmer, Andrea Fock, Ulrike Gonder und Karin Haug werfen in ihrem ernährungskritischen Buch *Prost Mahlzeit! Krank durch gesunde Ernährung* sogar die Frage auf, ob der angebliche »Eisenmangel« der Bevölkerung in Entwicklungsländern nicht möglicherweise deren Überleben sichert, und stellen die gesamten Normwerte in Frage: »Es ist doch komisch: Wir aßen noch nie so viele eisenreiche Speisen wie heute, und doch sollen immer mehr Menschen unterversorgt sein. Im Winter gibt es frische

Blattgemüse, die reichlich Eisen enthalten. Und der wichtigste Eisenlieferant, das Fleisch, kommt heute nicht zu knapp auf den Teller. Dieselben Institutionen, die uns Eisenmangel einreden wollen, beklagen sogar, dass wir zu viel Fleisch äßen. Befremdlich erscheint auch die Vorstellung, dass beinahe ein Drittel der Menschheit, nämlich Frauen im gebärfähigen Alter, in ständiger Eisenmangel-Gefahr schweben soll. Von monatlichen Blutungen oder während der Schwangerschaft vom Fötus ›ausgesogen‹, müssten sie eigentlich längst verblichen darniederliegen.«

Eisenhaltige Nahrungsmittel wählen

Der wichtigste Ratschlag angesichts der Eisenmangel-Debatte lautet daher: Ruhig Blut! Dass der Eisenwert vor allem gegen Ende der Schwangerschaft sinkt, ist ganz normal. Lassen Sie sich nicht einreden, dies hinge mit Ihrer vegetarischen Ernährungsweise zusammen. Hören Sie sich in Ihrem Bekanntenkreis um, und Sie werden feststellen, dass die meisten Frauen, ob vegetarisch oder nicht, im Laufe der Schwangerschaft irgendwann einmal Eisenpräparate verschrieben bekommen haben. Eisenpräparate sind jedoch problematisch, weil sie erstens den durch die Schwangerschaft oft ohnehin schon strapazierten Magen zusätzlich belasten und leicht zu Verstopfung führen, zweitens die Resorption anderer Spurenelemente wie z. B. Zink vermindern und drittens den körpereigenen Regulationsmechanismus, der die Eisenresorptionskapazität der aktuellen Situation anpasst, überlisten, indem sie ihn mit leicht ins Blut übergehendem Eisen überschwemmen. Bis der Körper gegenregulieren kann, sind einige Tage verstrichen, in denen es zu Infektionen kommen kann.

Eisenpräparate zu schlucken, ist also keine Lösung. Vernünftiger ist es, sich einzuprägen, welche Nahrungsmittel besonders viel Eisen enthalten und welche Begleitstoffe die Eisenaufnahme fördern bzw. hemmen, um so zu positiven Kombinationen zu kommen.

Zu den aufnahmehemmenden Stoffen gehört z. B. die in Rhabarber, aber auch in Spinat und Kakao vorkommende Oxalsäure. Ebenso wirken sich Tannine und Polyphenole, die z. B. in schwarzem Tee, Kaffee und Rotwein vorkommen, auf die Eisenaufnahme ungünstig aus, weshalb Sie diese Getränke während und bis zu einer Stunde nach einer eisenhaltigen Mahlzeit nicht zu sich nehmen sollten. Während sich Ballaststoffe im allgemeinen nicht negativ auszuwirken scheinen, wurde nach hohem Verzehr von Weizenkleie wegen der darin enthaltenen Phytinsäure eine negative Beeinflussung der Eisenversorgung nachgewiesen. Auch aus diesem Grund ist es

ratsam, durch eine konstant ballaststoffreiche Kost für eine regelmäßige
Verdauung zu sorgen und Ballaststoffpräparate wie Kleie zu meiden.

Vitamin C fördert die Eisenaufnahme

Welche Stoffe können nun aber die Aufnahme von Eisen fördern? Das in
pflanzlichen Nahrungsmitteln vor allem vorkommende dreiwertige Eisen
muss, damit es vom Körper verwertet werden kann, in zweiwertiges Eisen
verwandelt werden. Der Stoff, der dies am besten kann, ist das Vitamin C.
Entsprechende Studien weisen darauf hin, dass die Resorptionsrate für das
aus pflanzlichen Nahrungsmitteln stammende Eisen durch den gleichzeiti-
gen Verzehr von Vitamin C bis zum Siebenfachen erhöht werden kann.
Nach der Auswertung einer Vielzahl einschlägiger Studien folgern Leitzmann und Hahn:»Eine Mehrzufuhr von Vitamin C mit der Nahrung wirkt
sich deshalb effektiver auf die Eisenresorption aus als eine zusätzliche ali-
mentäre Eisengabe. Aus vegetarischen Gerichten mit unterschiedlichem Vit-
amin-C-Gehalt ist die Eisenresorption aus der Mahlzeit mit hohem Vit-
amin-C-Gehalt am höchsten.«
Der angeblich besonders gravierende Eisenmangel vegetarisch lebender
Menschen ist also in erster Linie ein theoretisches Konstrukt. Da sich Vegetarierinnen und Vegetarier mit Vitamin C aus Früchten und Gemüsen
überdurchschnittlich gut versorgen, sind sie auch in der Lage, das aus pflanzlichen Nahrungsmitteln stammende Eisen optimal zu verwerten. Allerdings
liegen ihre Eisenwerte meist in der unteren Hälfte des Normbereichs, was,
wie bereits erwähnt, im Hinblick auf das Auftreten von Infektionskrankheiten eher günstig ist. Wie Pollmer et al. werfen auch Leitzmann und Hahn
nach sorgfältiger Abwägung aller Fakten die Frage auf, ob die derzeit als
normal geltenden Werte zu hoch angesetzt sind. Und die *American Dietetic Association* verkündete 1988 aus dem gleichen Grund, dass bei Vegetarierinnen und Vegetarier kein größeres Eisenmangelrisiko bestehe als bei
der fleischessenden Bevölkerung.

Eisenreiche vegetarische Lebensmittel

Lassen Sie sich also von eher niedrigen Eisenwerten während Ihrer Schwangerschaft nicht aus der Fassung bringen. Werte in der unteren Hälfte des
Normbereichs sind völlig akzeptabel. Versuchen Sie aber, Ihre Werte in diesem Bereich zu halten, indem Sie Ihrem Körper vermehrt eisenhaltige Nahrungsmittel anbieten und diese mit Vitamin-C-haltigen Lebensmitteln kom-

binieren. Die Positivliste am Ende dieses Kapitels (ab Seite 50) soll Ihnen dabei eine Gedankenstütze sein.

Eisen findet sich in dunklen Gemüsesorten wie Spinat, Mangold, Brokkoli, Rote Bete und Rapunzel (Feldsalat). Auch Hülsenfrüchte wie Linsen, Erbsen, Kidneybohnen und Sojabohnen sind gute Eisenquellen. Von allen Körnern haben Hirse und Amaranth den höchsten Eisengehalt. Hirse enthält außerdem reichlich Kieselsäure, so dass Sie, wenn Sie regelmäßig Hirse essen, auch gleich noch etwas für schöne Haut, Haare, Nägel und Zähne tun. Auch Trockenfrüchte sind wichtige Eisenlieferanten, vor allem Aprikosen, Feigen, Datteln, Pflaumen und Rosinen. Pistazienkerne, Sonnenblumenkerne, Kürbiskerne und Sesamsamen sind ebenfalls eisenreich. Wenn Sie rote Säfte wie Trauben- oder Beerensaft trinken, tun Sie ebenfalls etwas für Ihre Eisenversorgung. Ja, selbst der Süßhunger kann Ihnen zu einer Extraportion Eisen verhelfen: Wenn es etwas Süßes sein muss, streichen Sie sich ordentlich Zuckerrübensirup aufs Brot oder machen Sie sich über eine Tüte Lakritze her, die meist gut vertragen werden, da sie sehr magenfreundlich sind.

Meiden Sie Kaffee, schwarzen Tee, Cola und alle anderen Lebensmittel, die der Eisenaufnahme hinderlich sind, und kombinieren Sie eisenhaltige mit Vitamin-C-haltigen Lebensmitteln. (Übrigens gibt es auch eisenreiche Nahrungsmittel, die gleichzeitig viel Vitamin C enthalten, z. B. Rote Bete, Mangold, Spinat und Traubensaft.) Im Rezeptteil finden Sie zahlreiche Beispiele für günstige Kombinationen. Lassen Sie sich von diesen Vorschlägen inspirieren, und erfinden Sie neue Variationen, die Ihrem Geschmack entsprechen. Außerdem können Sie sich angewöhnen, zu jeder Hauptmahlzeit ein Glas frisch gepressten Orangensaft zu trinken, womit Sie gleichzeitig auch etwas für Ihre Versorgung mit Folsäure tun.

Kommen Sie auf diese Weise Ihrem Körper in einer Zeit der besonderen Belastung mit einem erhöhten Eisenangebot entgegen, und seien Sie beruhigt: Er wird sich nehmen, was er braucht.

Ernährungstips *bei Übelkeit, Sodbrennen*
und anderen Schwangerschaftsbeschwerden

Übelkeit

Etwa drei Viertel aller schwangeren Frauen ist häufig übel, vor allem in den ersten Schwangerschaftsmonaten. Das liegt möglicherweise daran, dass wegen des zusätzlichen Kalorienverbrauchs in den ersten Monaten der Schwangerschaft der Blutzuckerspiegel sinkt, was auch erklären würde, warum vielen Frauen gerade morgens schlecht ist, nachdem sie die Nacht über nichts gegessen haben. Auch der erhöhte Östrogenspiegel und eine vermehrte Bildung von Magensäure während der Schwangerschaft wird für die Übelkeit verantwortlich gemacht. In manchen Fällen kann auch ein Vitamin B_6-Mangel dahinterstecken – jedenfalls lohnt es sich auszuprobieren, ob der Verzehr von Vitamin-B_6-haltigen Nahrungsmitteln (z. B. Avocados, Bananen, Hefeflocken, Weizenkeimen, Honigmelone, grünen Bohnen und Kohl) zu einer Linderung führt.

Auch eine gesundheitlich nicht so günstige Ernährungsweise vor Beginn der Schwangerschaft wird für die Übelkeit verantwortlich gemacht. Dahinter steht die Annahme, dass die Übelkeit in den ersten Schwangerschaftsmonaten ein Schutzmechanismus des Körpers ist, um die Mutter zu zwingen, sich bewusster und gesünder zu ernähren und eher ungeeignete Nahrungsmittel wenigstens vorübergehend zu meiden. Dafür spricht, dass Übelkeit und Erbrechen häufig von dem Anblick, dem Geruch oder dem Geschmack bestimmter Speisen ausgelöst werden können. Auf jeden Fall ist die ständige Übelkeit sehr unangenehm und belastend, vor allem, wenn sie über längere Zeit anhält.

Wenn Ihnen vor allem morgens übel ist, sollten Sie probieren, noch vor dem Aufstehen ein paar Zwiebäcke oder einen Getreidebrei aus Haferflocken und Weizenkeimen zu essen, um die überschüssige Magensäure aufzusaugen. Sie können sich diese kleine Mahlzeit schon abends auf dem Nachttisch zurechtstellen oder als besonderen Luxus morgens von einer lieben Seele ans Bett bringen lassen. Auf jeden Fall sollten Sie schon im Bett etwas essen und anschließend noch eine Viertelstunde liegenbleiben. Probieren Sie außerdem einen Tee aus Melisse, Zimt, Pfefferminz und/oder Dillsamen. Auch Ingwertee (ein Stück frische Ingwerwurzel aufschneiden, mit kochendem Wasser übergießen und einige Minuten ziehen lassen) hat sich bewährt. Vorbeugend wirken kandierter Ingwer, Vitamin-C-haltige Früchte und der Saft schwarzer Johannisbeeren. Wichtig ist, dass Sie immer wieder kleine

Mengen essen und den Magen nie ganz leer werden lassen, damit die Verdauungssäfte etwas zu tun haben. Komplexe Kohlenhydrate bleiben länger im Magen, werden langsamer verdaut und bilden einen Puffer gegen hyperaktive Magensäuren. Akupressur und Fußreflexzonenmassage können hilfreich sein. Als homöopathische Mittel kommen u. a. Sepia, Pulsatilla, Nux Vomica und Arsenicum in Betracht. Lassen Sie sich am besten von einer Homöopathin oder einem Homöopathen beraten.

Sodbrennen

Das Sodbrennen, an dem etwa ein Drittel aller Schwangeren leidet, hat eine rein mechanische Ursache: Durch das immer größer werdende Baby wird der Magen nach oben geschoben, so dass die Magensäfte in die Speiseröhre dringen. Im Liegen ist das Sodbrennen am schlimmsten und kann werdenden Müttern schon vor der Geburt des Kindes den Nachtschlaf rauben. Wichtig ist auch in diesem Fall, häufiger kleinere Mahlzeiten zu essen und gut zu kauen. Nehmen Sie vor allem vor dem Hinlegen nichts Größeres mehr zu sich, aber gehen Sie auch nicht mit leerem Magen ins Bett, denn viel Magensäure, die nichts zu verdauen hat, steigt ebenfalls leicht in die Speiseröhre auf. Essen Sie in aufrechter Haltung, und gehen Sie nach dem Essen eine Weile aufrecht herum, um dem Magen Platz zu verschaffen. Schweres, Fettiges, Gebratenes, Süßes, Saures und scharf Gewürztes führt am ehesten zu Sodbrennen, aber auch bestimmte Obst- und Gemüsesorten wie Tomaten und Zitrusfrüchte können besonders unverträglich sein. Versuchen Sie, sich möglichst *vor* dem Essen daran zu erinnern, welche Zutaten Sie nicht so gut vertragen. Lindernd wirken basisch wirkende Speisen wie Kartoffeln, Hirse und Quark. Knabbern Sie Mandeln oder Haselnüsse (gut kauen und einspeicheln), versuchen Sie es mit Anis-, Fenchel- oder Ingwertee oder trinken Sie einen Esslöffel Heilerde in Wasser oder Kamillentee aufgelöst. Stellen Sie das Kopfteil Ihres Lattenrostes hoch, besorgen Sie sich einen Matratzenkeil, oder bauen Sie aus Kissen eine ordentliche Schräge, damit Ihr Oberkörper beim Schlafen höher liegen kann. Hausmittel wie Bullrich-Salz helfen gegen akute Attacken. In ganz hartnäckigen Fällen müssen Sie unter Umständen auf Magensäure bindende Mittel, sogenannte Antacida, aus der Apotheke zurückgreifen – allerdings können sich diese Medikamente auf die Eisenresorption negativ auswirken. Sprechen Sie mit Ihrer Ärztin oder Ihrem Arzt über das Problem.
Einen Trost können sich Sodbrennengeplagte immer vor Augen halten: Nach der Geburt ist es schlagartig vorbei. Ich weiß noch, wie ich am Tag danach

ganz gegen meine sonstige Gewohnheit im Krankenhaus ein großes zuckrig-klebrig-saftiges Stück Marzipankuchen verschlang und mit Wonne das Ausbleiben des Sodbrennens genoss, das mich so viele Monate lang geplagt hatte.

Krampfadern und Hämorrhoiden

Krampfadern und Hämorrhoiden in der Schwangerschaft gehen auf hormonell bedingte Gefäßerweiterungen zurück. Die Blutgefäße sind weniger straff, und das Blut wird nicht so rasch zum Herzen zurückgepumpt. Das in den überdehnten Adern gestaute Blut macht sich in Form von Krampfadern oder Hämorrhoiden bemerkbar. Frische Zwiebeln, Lauch und Knoblauch stimulieren und stärken die Blutgefäße. Buchweizen enthält Rutin, ein natürliches Mittel gegen Hämorrhoiden und Krampfadern. Vermeiden Sie Verstopfungen (siehe nächster Abschnitt), und versuchen Sie, körperlich so aktiv wie möglich zu bleiben, um den Kreislauf anzuregen.

Verstopfung

Durch die Ausschüttung des Hormons Progesteron kommt es in der Schwangerschaft zu einer Entspannung der unwillkürlichen Muskeln, um Kontraktionen der Gebärmutter, also Fehlgeburten, vorzubeugen und Verletzungen während der Geburt zu verhindern. Auch die Muskulatur der Darmwände ist daher schlaffer, so dass die Nahrung länger im Körper bleibt. Ein positiver Nebeneffekt dieser Vorgänge: Die Nährstoffe können intensiver genutzt werden. Aber es kommt auch häufiger zu Verstopfungen, vor allem, wenn dem erhöhten Flüssigkeitsbedarf nicht entsprochen wird. Achten Sie deshalb darauf, viel zu trinken, am besten zwei Liter am Tag, und zwar vor allem mit Wasser verdünnten Fruchtsaft mit Fruchtfleisch, um die natürliche abführende Wirkung vieler Obstsorten auszunutzen.

Wegen der vielen Ballaststoffe, die sie mit einer pflanzenbetonten Kost ganz automatisch zu sich nehmen, leiden Vegetarierinnen seltener unter Verstopfung. Sollten Sie dennoch einmal Probleme haben, essen Sie frische Trauben und Zwetschgen oder Trockenfrüchte wie Feigen und Backpflaumen. Aufgekochte, noch warm gegessene Backpflaumen sind ein bewährtes Hausmittel (nicht übertreiben!). Auch Gurken, Äpfel und rohes Sauerkraut wirken abführend und regulierend. Kleie ist nicht zu empfehlen, weil sie die Aufnahme von Kalzium und Eisen hemmt. Meiden Sie alle stopfenden Lebensmittel wie weißen Reis oder Schokolade, und nehmen Sie keine Abführmittel, da sie auf die Muskulatur der Organe, also auch auf die Gebärmutter, genauso wirken wie auf den Darm und deshalb Fehlgeburten auslösen können. Bleiben Sie körperlich aktiv. Gehen Sie täglich spazieren, fahren Sie Rad oder gehen Sie schwimmen – das ist besonders angenehm, weil das Wasser Ihnen einen Teil des zusätzlichen Gewichtes abnimmt.

Was Sie lieber meiden sollten

Ehe wir für den Hausgebrauch eine Liste all der Nahrungsmittel zusammenstellen, die sich während der Schwangerschaft möglichst oft auf Ihrem Teller wiederfinden sollten, noch ein paar allgemeine Bemerkungen, zuerst zum Thema **Allergien:** Es gibt Hinweise darauf, dass Sie die Allergieneigung Ihres Kindes mindern können, indem Sie Stoffe, die in Ihrer Familie und der Familie Ihres Partners Allergien ausgelöst haben, während der Stillzeit meiden. Bringen Sie deshalb das Thema am besten schon im Laufe der Schwangerschaft im Verwandtenkreis zur Sprache. Gibt es keine Allergien, können Sie das Thema getrost abhaken. Liegen oder lagen aber doch bestimmte Nahrungsmittelallergien vor, sollten Sie sich erst einmal bewusst ernähren und für die Stillzeit kompetent beraten lassen. Keinesfalls sollte auf Nahrungsmittel aus reiner Vorsicht verzichtet werden.

Darüber hinaus gibt es noch ein paar andere Dinge, die Sie während der Schwangerschaft lieber nicht essen sollten, darunter **bestimmte Käsesorten** wie Camembert, Brie, Blauschimmel- und Rohmilchkäse, und zwar wegen der Listeria-Bakterien, die (in seltenen Fällen) zu einer mit schweren Schäden für das Kind verbundenen Listeriose führen können.

Alkohol wirkt ebenso wie **Koffein** über die Plazenta negativ auf Ihr Kind. Alkoholische Getränke, Kaffee, schwarzen Tee, Kakao und Cola sollten Sie deshalb meiden. **Rauchen** während der Schwangerschaft gefährdet die Gesundheit des Babys. Ein geringeres Geburtsgewicht, Mangelernährung, eine spätere Neigung zu Übelkeit und Erbrechen sowie ein erhöhtes Krebsrisiko sind mögliche Folgen. Wenn Sie es bis dahin nicht geschafft haben, nehmen Sie also unbedingt die Schwangerschaft zum Anlass, sich das Rauchen abzugewöhnen. Es mag Ihnen schwerfallen, aber Sie werden ganz bestimmt für Ihre Mühe belohnt.

Vorsicht auch bei allen **Medikamenten.** Vor jeder ärztlichen (auch zahnärztlichen!) Behandlung sollten Sie ausdrücklich erwähnen, dass Sie schwanger sind. Eine sanfte Alternative zu den schulmedizinischen Behandlungsmethoden bildet die Homöopathie. Falls Sie bisher erst wenig darüber wissen, bietet die Schwangerschaft eine willkommene Gelegenheit, sich näher über die Homöopathie zu informieren. Auch später bei der Behandlung Ihres Kindes kann sie Ihnen eine große Hilfe sein.

Nützliches und Nahrhaftes
aus der vegetarischen Vollwertküche

Erschrecken Sie nicht, wenn Sie auf so fremdartig klingende Dinge wie Amaranth, Quinoa oder Meeres-Algen stoßen, die Sie vielleicht noch nicht kennen und von denen Sie nicht wissen, wie Sie sie zubereiten sollen. Alle aufgeführten Nahrungsmittel können Sie im Naturkostladen oder im Reformhaus bekommen, und im Rezeptteil finden Sie praktische Anwendungsbeispiele. Nehmen Sie sich bewusst vor, auch einmal etwas Neues auszuprobieren. Die Schwangerschaft ist ohnehin eine Zeit, in der so viel Neues geschieht – wer weiß, vielleicht werden Sie aus diesen Monaten auch ein paar neue Ernährungsgewohnheiten mitnehmen. Die Rezepte sollen Ihnen hierzu ein paar erste Anregungen geben. Experimentieren Sie weiter und erfinden Sie neue Kreationen, indem Sie die Zutaten auf der Positivliste nach Herzenslust kombinieren.

Einige der weniger bekannten Zutaten aus der vegetarischen Vollwertküche seien hier noch einmal kurz erklärt:

Agar-Agar
Ein mineralreiches, aus Meeres-Algen gewonnenes, auch in Stangenform erhältliches Pulver, das gelierend wirkt. Die vegetarische Alternative zur Gelatine! Man rechnet etwa 2 ½ TL Agar-Agar auf 500 ml Flüssigkeit. (Lesen Sie auch die Angaben zur Zubereitung auf der jeweiligen Packung.)

Amaranth
Als eine der ältesten Getreidearten der Welt war Amaranth schon vor etwa 3000 Jahren Nahrungsgrundlage der Ureinwohner Mittelamerikas. Lange Zeit fast in Vergessenheit geraten, wurde es aufgrund seiner hervorragenden Nährstoffzusammensetzung und seines hohen Eisengehalts wiederentdeckt. Im Naturkostladen gibt es sowohl Amaranth-Körner als auch Amaranth-Poppies (toll im Müsli!) zu kaufen. Lecker, wenn auch teilweise recht süß, sind die verschiedenen Amaranth-Müsli-Fertigmischungen.

Hummus
Eine aus Kichererbsen und Sesammus hergestellte Paste, die sich als Brotbelag oder als Füllung verwenden lässt.

Meeres-Algen
Sie stammen aus der traditionellen Küche Japans und werden dort in eigens dafür angelegten Plantagen in Meerwasser gezüchtet. Je nach Sorte schmecken sie ganz zart oder auch recht intensiv nach Meer und eignen sich als Beigabe zu Suppen, Salaten, Eintöpfen und Gemüsegerichten. Wakame- und Arame-Algen haben ein sehr mildes Aroma und sind daher für den Einstieg in die Algenküche am besten geeignet. Für Vegetarierinnen und Vegetarier sind Meeres-Algen wegen ihres Gehalts an Kalzium, Magnesium, Kalium, Silizium, Kupfer, Selen, Zink und Jod besonders interessant. Aufgrund Ihres hohen natürlichen Jodgehalts können sie auch in Zeiten eines erhöhten Bedarfs während der Schwangerschaft und Stillzeit eine ausreichende Versorgung mit Jod sicherstellen. Weil der Jodgehalt der Algen enorm schwanken kann, sollten Sie diese Meeresprodukte allerdings nicht zu oft genießen. Falls Sie Probleme mit der Schilddrüse haben, sollten Sie sich – wie überhaupt bei jeder zusätzlichen Jodzufuhr, auch in Form von Jodtabletten – mit Ihrer Ärztin oder Ihrem Arzt beraten.

Miso
Eine Paste, die aus Hefe, gegorenen Sojabohnen, Salz und manchmal auch Reis, Gerste oder Buchweizen besteht. Miso ist reich an Eiweiß, Mineralstoffen und Vitaminen und wird vor allem als Würzmittel in Suppen und Gemüsegerichten verwendet. Aki-Miso ist die schärfere, Shiro-Miso die süßlichere Sorte. Miso darf nicht kochen, da sonst wertvolle Inhaltsstoffe verlorengehen.

Tahin
Eine Paste aus gerösteten, zerdrückten Sesamsamen. Als Brotaufstrich und als Würzmittel für Dressings und Saucen geeignet.

Tamari (Sojasauce)
Aus milchgegorenen Sojabohnen gewonnene Würzsauce, die besonders reich an Proteinen und Vitaminen ist. Im Gegensatz zur Shoyu-Sojasauce besteht sie ausschließlich aus Soja und entsteht, sozusagen als »Abfallprodukt«, bei der Herstellung einer speziellen Miso-Sorte.

Und hier noch einmal zusammengefasst, in welchen Nahrungsmitteln die wichtigsten Nährstoffe zu finden sind:

Eiweiß
Sojaprodukte wie Tofu, Sojaghurt, Sojadrink und vegetarische Brotaufstriche, Vollkornprodukte, Quinoa, Linsen, Bohnen, Joghurt, Käse, Hüttenkäse, Sonnenblumenkerne, Kürbiskerne, Sesamsamen, Tahin (Sesammus), Hummus (Kichererbsenpaste), Weizenkeime.

Fett
Kalt gepresste Pflanzenöle (z. B. Olivenöl, Sonnenblumenöl, Distelöl), Avocados, Nüsse und Samen, Butter, Milch, Käse.

Kohlenhydrate
Vollkornbrot, Vollkornnudeln, Vollkorngetreide, Kartoffeln, Gemüse, Obst.

Folsäure
Hefeflocken, Weizenkeime, Brokkoli, Mangold, Spinat, Petersilie, Lauch, Grünkohl, Rosenkohl, Fenchel, Löwenzahnsalat, Orangen, Bananen, Sojabohnen- und Linsensprossen, Datteln, Walnüsse, Mandeln, Kürbiskerne, Sauerteigbrote, frisch gepresster Orangensaft. Folsäure ist hitze- und sauerstoffempfindlich!

Vitamin C
Paprika, Kartoffeln, Brokkoli, Grünkohl, Hagebutten, Sanddorn, schwarze Johannisbeeren, Erdbeeren, Zitrusfrüchte, Kiwis, Mangos, Papayas, Guaven.

Vitamin B_1
Hefeflocken, Hefeextrakt, Sojadrink, Vollkornnudeln, Vollkornreis, Hülsenfrüchte, Kartoffeln, Haferflocken, Sprossen, Sonnenblumenkerne, Erdnüsse, Weizenkeime, Blumenkohl, Erbsen, Orangen, Bananen, Steinobst.

Vitamin B_2
Hefeflocken, Hefeextrakt, Vollkornbrot, Mandeln, Nüsse, Champignons, Avocados, Brokkoli, Spinat, Grünkohl, Rosenkohl, Spargel, Weizenkeime, Hirse.

Vitamin B$_6$
Hefeflocken, Hefeextrakt, Avocados, Hirse, Mais, grüne Bohnen, Linsen, Kartoffeln, Bananen, Weizenkeime, Honigmelonen, Sojabohnen, Blumenkohl, Walnüsse, Paprika, Rapunzel (Feldsalat).

Vitamin B$_{12}$
Körniger Frischkäse, Edamer, Emmentaler, Gruyère, Tilsiter, Quark, Kefir, Dickmilch, Joghurt.

Vitamin A
Möhren, Brokkoli, Paprika, Grünkohl, Wirsingkohl, Mangold, Spinat, Rote Bete, Mangos, Papayas, Sauerkirschen, Aprikosen, Käse, Eier, Butter.

Vitamin D
Butter oder Margarine, Eier, Milch, Käse, Avocados, Steinpilze, Pflanzenöle, Sonnenlicht (wichtig zur Vitamin-D-Bildung).

Vitamin E
Pflanzenöle, Vollkornprodukte, Nüsse, Mandeln, Fenchel, Schwarzwurzeln, Wirsingkohl, Sojabohnen, Weizenkeime, Kürbiskerne.

Kalzium
Milch, Butter- und Schwedenmilch, Joghurt, Kefir, Hart- und Schnittkäse, Sojadrink mit Kalzium, getrocknete Feigen, Datteln, Nüsse, Kresse, Grünkohl, Spinat, Mangold, Fenchel, Brokkoli, Sojabohnen, Tofu, frischer Möhrensaft, Sonnenblumenkerne, Meeres-Algen, Sesamsamen, Tahin.

Magnesium
Vollkornprodukte, Hülsenfrüchte, Aprikosen, Mandeln, Paranüsse, Erdnüsse, Weizenkeime, Brokkoli, Kartoffeln, Bohnen, Linsen, Bananen, Sojabohnen, Hirse, Haferflocken.

Eisen
Hirse, Amaranth, getrocknete Aprikosen, Feigen, Datteln, Backpflaumen, Rosinen, Spinat, Brokkoli, Petersilie, Rote Bete, Rapunzel (Feldsalat), Linsen, Erbsen, Kidneybohnen, Sojabohnen, Kürbiskerne, Pistazienkerne, Sonnenblumenkerne, Sesamsamen, rote Säfte (Trauben- und Beerensaft), Zuckerrübensirup, Lakritz. (Immer in Kombination mit Vitamin-C-haltigen Nahrungsmitteln verzehren!)

Phosphor
Milch, Milchprodukte, Vollkornbrot.

Zink
Weizenkeime, Sonnenblumenkerne, Kürbiskerne, Pilze, Sesamsamen, Tahin (Sesammus), Joghurt, Paranüsse, Linsensprossen, grüne Erbsen, Mais, Spargel, Mangos, Hefeflocken, Miso, Käse (besonders Gouda, Emmentaler und Tilsiter).

Jod
Meersalz, Meeres-Algen.

Was Sie auf jeden Fall immer im Haus haben und bei jeder Gelegenheit verwenden sollten:

Hefeflocken – können Sie über alle herzhaften Gerichte und Salate streuen.

Miso – würzt Suppen und Saucen (nicht mitkochen!) und ist ein supergesunder Brotaufstrich.

Nüsse, Mandeln, Sonnenblumenkerne, Sesamsamen, Kürbiskerne – passen zu Müsli, Salaten und Gemüsegerichten und sind eine gesunde Knabberei.

Tahin (Sesammus) – als nahrhafte Zutat für Salatsaucen, Gemüsesaucen, Dips und herzhafte Brotaufstriche.

Tamari-Sojasauce – würzt mit wertvollen Inhaltsstoffen Suppen, Saucen und alle Gemüsegerichte.

Trockenfrüchte, vor allem Aprikosen, Datteln und Feigen – passen zu Müsli, Kuchen und Obstsalat und können auf gesunde Weise den Süßhunger stillen.

Weizenkeime – passen zu Müsli, Joghurt, Quarkspeisen, Obstsalat und jeder Art von Gebäck.

Positivliste:
Was schwangere Frauen (und ihre Lieben) essen sollten

1. Vollkornprodukte und Kartoffeln

(liefern Energie, Eiweiß, wertvolle Fette, Vitamine und Ballaststoffe):
Kartoffeln, Vollkornnudeln, alle Sorten Vollkornbrot und –brötchen,
Brote mit natürlichem Sauerteig, alle Sorten Vollkorngetreide, vor
allem Hirse, Amaranth, Vollkornreis, Hafer (einschließlich Hafer-
flocken), Weizen, Weizenkeime, Buchweizen, Gerste, Roggen, Mais,
Quinoa, alle Sorten Müsli.

2. Hülsenfrüchte

(liefern Eiweiß, Vitamine und Mineralstoffe):
Sojabohnen und Sojaprodukte (Sojadrink, Sojaghurt, Tofu, Brotaufstriche), Linsen, Erbsen, Kichererbsen (einschließlich Hummus),
grüne Bohnen, Kidneybohnen, Linsen- und Bohnensprossen.

3. Gemüse

(liefert Vitamine und Mineralstoffe):
alle Kohlsorten, vor allem Brokkoli, Wirsingkohl, Grünkohl, Rosenkohl, Blumenkohl, Sauerkraut, Rote Bete, Spinat, Mangold, Avocados, Rapunzel (Feldsalat), Endivien, Löwenzahnsalat, Lauch, Spargel, Fenchel, Schwarzwurzeln, Gurken, Zucchini, Paprika, Möhren
(und frischer Möhrensaft), Pastinaken, Champignons, Steinpilze,
frische Kräuter.

4. Frisches Obst

(liefert Ballaststoffe, Vitamine und Mineralstoffe):
alle Sorten Zitrusfrüchte (jeden Tag frisch gepressten Orangensaft!),
Äpfel, Birnen, Kirschen (besonders Sauerkirschen), Erdbeeren, rote
und schwarze Johannisbeeren, Stachelbeeren, Heidelbeeren, Pfirsiche, Aprikosen, Melonen, Kiwis, Mangos, Papayas, Guaven, frische
Ananas, Bananen, Honigmelonen. Als Mus oder Elixier: Hagebutten, Sanddorn.

5. *Nüsse, Samen, Trockenfrüchte*
(liefern Energie, Eiweiß, wertvolle Fette und Spurenelemente):
Mandeln, Walnüsse, Haselnüsse, Cashewnüsse, Paranüsse, Erdnüsse
und daraus hergestellte Nussmuse. Sesamsamen (und Tahin/Sesammus), Sonnenblumenkerne, Kürbiskerne, Pistazienkerne. Getrocknete Aprikosen, Datteln, Feigen, Pflaumen, Rosinen.

6. *Sonstige vitamin- und mineralstoffhaltige Lebensmittel:*
hochwertige, kaltgepresste Pflanzenöle, z. B. Olivenöl, Sonnenblumenöl, Distelöl (liefern gesättigte und ungesättigte Fettsäuren) und
Margarine ohne gehärtete Fette. Meeres-Algen (liefern Spurenelemente, vor allem Jod). Hefeextrakt und Hefeflocken (liefern B-Vitamine). Miso (liefert viele wertvolle Nährstoffe). Weizenkeime
(liefern eine Vielzahl von Vitaminen und Spurenelementen). Meersalz (liefert Jod). Zuckerrübensirup und Lakritz (liefern »süßes« Eisen).

7. *Milchprodukte und Eier*
(liefern Eiweiß und Kalzium):
in Maßen Milch, Buttermilch, Schwedenmilch (Reformhaus oder Naturkostladen), Joghurt, Kefir, Dickmilch, Quark, Käse (außer Camembert, Brie, Blauschimmel- und Rohmilchkäse), Hüttenkäse,
Butter. Ein Ei pro Woche.

Dazu viel trinken:
Wasser, Kräutertee (gegen Ende der Schwangerschaft vor allem Himbeerblättertee), frisch gepressten Orangensaft, frischen Möhrensaft,
andere Obstsäfte, Getreidekaffee.

Vegetarische Rezepte für die Schwangerschaft

Weil werdende Mütter meist am liebsten in Gesellschaft essen, sie diese aufregende Zeit bestimmt ganz intensiv zu zweit erleben möchten und eine gesunde Ernährung auch werdenden Vätern äußerst gut tut, sind alle Rezepte in diesem Teil für zwei Personen berechnet. Essen Sie allein, brauchen Sie die Zutatenmengen nur zu halbieren. Ist die Familie schon größer oder hat sich Besuch angesagt und Sie müssen vier Personen bekochen, nehmen Sie das Ganze einfach mal zwei.

Viel Spaß beim Ausprobieren!

Frühstück

Irmelas Power-Frühstück

300 ml Joghurt oder Sojaghurt
2 kleine Bananen,
   in Scheiben geschnitten
2 Kiwis,
   geschält und klein geschnitten
1 Apfel,
   entkernt und klein geschnitten
10 ganze Mandeln
4 EL Hirseflocken
2 EL Weizenkeime
4 EL Amaranth-Poppies
4 EL Fünfkornflocken
etwas Milch oder Sojadrink

Alle Zutaten in zwei großen Müslischalen vermischen, mit Milch oder Sojadrink angießen und in aller Ruhe beim Zeitunglesen löffeln.

Porridge

300 g Haferflocken
800 ml Wasser
1 Prise Salz

Haferflocken etwa eine halbe Stunde in dem Wasser einweichen, etwa 5 Minuten im Einweichwasser kochen und Salz einrühren.

Dinkel-Frischkornbrei

140 g Dinkel, grob geschrotet
etwas kaltes Wasser
2 Bananen,
*   in dünne Scheiben geschnitten*
2 Kiwis,
*   geschält und klein geschnitten*
300 g Joghurt oder Sojaghurt
2 EL Honig
6 EL Haselnüsse, gemahlen
2 EL ungeschwefelte Rosinen

Dinkel über Nacht in kaltem Wasser einweichen. Am nächsten Morgen mit den restlichen Zutaten mischen, in zwei Müslischalen geben und zu einer großen Kanne Getreidekaffee genießen!

Sprossen-Müsli

Ein knackig-erfrischendes Frühstück für den Sommer!

100 g Getreidesprossen (aus 50 g
*   Getreide; 2 – 3 Tage gekeimt)*
2 TL Sonnenblumenkerne
2 TL Leinsamen
2 EL Rosinen
10 ganze Haselnüsse
2 Äpfel, geraspelt
200 g Erdbeeren (oder ein anderes
*   Obst der Jahreszeit),*
*   klein geschnitten*
Orangensaft, frisch gepresst

Getreidesprossen mit den übrigen Zutaten mischen und mit dem frisch gepressten Orangensaft angießen.

Bananenschaum-Müsli

8 EL Amaranth-Poppies
4 EL Kokosflocken
2 Orangen,
*   geschält und klein geschnitten*
2 Bananen
300 ml Dickmilch oder Kefir

Amaranth-Poppies, Kokosflocken und Orangenstücke mischen. Banane im Mixer oder mit dem Pürierstab schaumig pürieren, mit der Dickmilch oder dem Kefir verrühren und über das Müsli geben.

Bircher-Müsli

Ein Sonntagsmüsli, das an viele schöne Besuche in der Schweiz erinnert.

8 EL Haferflocken
200 ml Wasser
100 ml süße Sahne
2 TL Honig
2 Äpfel, fein gerieben
4 EL Haselnüsse, gemahlen

Haferflocken in dem Wasser über Nacht einweichen. Am Morgen mit den anderen Zutaten vermischen und genüsslich löffeln.

Belegte Brote

Avocado-Sprossen-Brot

1 reife Avocado
Salz
Pfeffer
Zitronensaft
2 Scheiben Vollkorntoast, geröstet
1 Handvoll frische Sprossen
   nach Wahl

Das Avocadofleisch mit der Gabel
zerdrücken und mit Salz, Pfeffer
und Zitronensaft abschmecken. Die
Brotscheiben mit dem Avocadomus
bestreichen und mit den Sprossen
garnieren.

Hummus-Sandwich

250 g Kichererbsen, gekocht
150 ml Olivenöl
2 Knoblauchzehen, gepresst
1 TL Tahin (Sesammus)
Zitronensaft
Salz
4 nicht zu dicke Scheiben
   Vollkornbrot
1 Tomate,
   in dünne Scheiben geschnitten
10 schwarze Oliven,
   entsteint und halbiert

Kichererbsen pürieren, mit Olivenöl, Knoblauch und Tahin verrühren
und mit Zitronensaft und Salz abschmecken. Zwei Brote mit Hummus bestreichen und mit den Tomatenscheiben und Olivenhälften
belegen. Die anderen beiden Brote
darüber klappen. Das restliche
Hummus in ein gut verschließbares
Glas füllen (im Kühlschrank ist
Hummus einige Wochen haltbar)
und bei späteren Gelegenheiten als
Brotaufstrich oder würzige Paste zu
Gemüsegerichten und kalten Vor-
speisen verwenden.

Schnittlauch-Brot

2 Scheiben Vollkornbrot
Butter oder Margarine
1 TL Hefeextrakt
1 Bund Schnittlauch,
  klein geschnitten
1 Ei, hart gekocht
  und in Scheiben geschnitten
2 Radieschen,
  in dünne Scheiben geschnitten
Kräutersalz
Pfeffer

Brote mit Butter oder Margarine
und Hefeextrakt bestreichen und
mit den Schnittlauchröllchen bestreuen. Eier- und Radieschenschei-
ben im Wechsel darauf verteilen und
mit Kräutersalz und Pfeffer würzen.

Käse-Nuss-Brot

Diesen Familienklassiker bereitete
mir mein Vater früher als Schulbrot.
Noch heute staune ich bei jedem
Bissen über seine leckere Kreation.

2 Scheiben Vollkornbrot
sahniger Schmelzkäse
  (aus dem Naturkostladen)
½ Apfel,
  in dünne Spalten geschnitten
1 Handvoll Haselnüsse,
  grob gehackt

Brote dick mit Schmelzkäse bestreichen, mit den Apfelspalten belegen
und mit den gehackten Haselnüssen
bestreuen.

Vollkornbrot mit Möhrenbutter

100 g junge Möhren,
  sehr fein gerieben
50 g Butter
1 EL Honig
1 TL Orangensaft, frisch gepresst
1 Prise Ingwer, gemahlen
2 Scheiben Vollkornbrot
1 Handvoll Kressesprossen

Möhren mit Butter, Honig,
Orangensaft und Ingwer vermischen
und einige Zeit durchziehen lassen.
(Im Kühlschrank ist die Möhrenbutter eine gute Woche haltbar.) Die
Brote mit der Möhrenbutter bestreichen und mit den Kressesprossen
garnieren.

Bananen-Erdnuss-Brot

Eine besonders gesunde Kombination aus Amerika, wo die »Peanut
Butter« zu den Grundnahrungsmitteln gehört.

2 Scheiben Vollkornbrot
2 EL Erdnussmus
2 reife Bananen
Zitronensaft

Die Brotscheiben mit Erdnussmus
bestreichen. Die Bananen der Länge
nach durchschneiden und auf die
Brote legen. Mit Zitronensaft beträufeln.

Salate

Roter Avocado-Salat

1 reife Avocado,
    geschält und gewürfelt
1 kleine Zwiebel, fein gehackt
100 g frische Rote Bete,
    grob geraspelt
3 EL Öl
3 EL Zitronensaft
Salz
Pfeffer
2 Handvoll frische Sprossen (z. B.
    Alfalfa- oder Linsenkeimlinge)

Avocado mit Zwiebel und Roter
Bete mischen. Mit Öl, Zitronensaft,
Salz und Pfeffer abschmecken und
mit den Sprossen bestreuen.

Kidneybohnen-Avocado-Salat

250 g Kidneybohnen, gekocht
1 reife Avocado, klein geschnitten
1 rote Paprika, klein geschnitten
2 EL frische Kräuter, fein gehackt
Saft einer halben Zitrone
2 EL Olivenöl
1 EL Balsamessig
Salz
Pfeffer

Kidneybohnen, Avocado, Paprika
und Kräuter mischen, mit Zitronensaft, Öl, Essig, Salz und Pfeffer abschmecken.

Bunter Salat mit Tahin-Dressing

Tahin (Sesammus) steckt voller Protein, Eisen, Kalzium und B-Vitamine. Mit Zitronensaft und Knoblauch
wird daraus ein würziges und gesundes Salat-Dressing.

200 g Salatgurke,
    in Scheiben geschnitten
200 g Zucchini,
    in Scheiben geschnitten
100 g Brokkoli,
    in Röschen geteilt
2 Möhren,
    in dünne Scheiben geschnitten
2 Handvoll frische Sprossen (z. B.
    Alfalfa- oder Linsenkeimlinge)
1 EL Tahin
1 Knoblauchzehe, zerdrückt
Saft einer halben Zitrone
2 EL Wasser
Salz
Pfeffer

Gurke, Zucchini, Brokkoli, Möhren
und Sprossen mischen. Tahin mit
Knoblauch, Zitronensaft und Wasser
verrühren, mit Salz und Pfeffer würzen und unter den Salat ziehen.

Erfrischender Salat mit Arame-Algen

Arame sind braune Meeres-Algen mit einem sehr zarten Aroma, die in der traditionellen japanischen Küche häufig Verwendung finden. Ihr geringer Eigengeschmack macht sie auch für algen-ungewohnte Gaumen auf Anhieb genießbar.

2 EL Arame-Algen
(aus dem Naturkostladen)
1 Salatgurke, geschält und gewürfelt
1 Bund Radieschen,
in Scheiben geschnitten
400 g Maiskörner
2 Frühlingszwiebeln,
in dünne Streifen geschnitten
2 EL Öl
1 EL Essig
Salz
Pfeffer

Die Algen 5 Minuten in Wasser einweichen, dann 20 Minuten leise in dem Einweichwasser köcheln, abtropfen und abkühlen lassen und anschließend in kleine Stücke schneiden. Gurke, Radieschen, Mais und Zwiebeln mischen, mit Öl, Essig, Salz und Pfeffer abschmecken und die Algen unterziehen.

Kichererbsensalat

250 g Kichererbsen, gekocht
1 grüne Paprika oder
½ Salatgurke, gewürfelt
2 Tomaten, klein gewürfelt
1 Frühlingszwiebel,
in feine Ringe geschnitten
2 EL Petersilie, fein gehackt
½ Zitrone, geschält und
in kleine Stücke geschnitten
2 EL Olivenöl
1 EL Balsamessig
Salz
Pfeffer

Kichererbsen, Paprika oder Gurke und Tomaten mischen, mit Zwiebelringen, Petersilie und Zitronenstückchen bestreuen und mit Öl, Essig, Salz und Pfeffer abschmekken.

Rapunzelsalat rot-grün

Eines der bekanntesten literarisch dokumentierten Schwangerschaftsgelüste stammt aus einem Märchen der Gebrüder Grimm: Eine schwangere Frau schaut in den von einer hohen Mauer umgebenen Nachbargarten hinab und »erblickt ein Beet, das mit den schönsten Rapunzeln bepflanzt war; und sie sahen so frisch und grün aus, dass sie lüstern war und das größte Verlangen empfand, von den Rapunzeln zu essen«. Ihr Mann erbarmt sich, steigt heimlich in den Nachbargarten hinab und .... der Rest ist Geschichte!

Wie so viele plötzliche Appetitanfälle in der Schwangerschaft hat auch dieser einen realen Hintergrund: Wegen seines hohen Eisengehalts ist Rapunzel für Sie jetzt supergesund. Machen Sie ihn zu Ihrem Standardsalat und kreieren Sie neue Variationen, indem Sie ihn mit verschiedenen Vitamin-C-Quellen kombinieren. Hier und bei den Rezepten für die Stillzeit finden Sie je ein Beispiel.

100 g Rapunzel (Feldsalat),
  gründlich verlesen
  und gewaschen
1 rote Paprika,
  klein geschnitten
1 Knoblauchzehe, fein gehackt
1 EL Olivenöl
1 TL Balsamessig
Kräutersalz
Pfeffer

Rapunzel mit Paprika vermischen. Knoblauch mit Öl und Essig verquirlen und unter den Salat heben. Mit Kräutersalz und Pfeffer würzen.

Salat von dreierlei Bohnen

Wenn Sie vor der Stillzeit noch einmal so richtig in Bohnen schwelgen möchten, ist dies genau der richtige Salat für Sie.

150 g grüne Bohnen
150 g gelbe Bohnen (Wachsbohnen)
150 g frische dicke Bohnen
½ grüne Paprika, fein gewürfelt
1 rote Zwiebel, grob gehackt
1 Knoblauchzehe, zerdrückt
2 EL Essig
1 TL Honig
1 EL Olivenöl
½ TL Tamari-Sojasauce
Salz
Pfeffer

Bohnen in Salzwasser 15 – 20 Minuten garen und abkühlen lassen. Mit Paprika und Zwiebeln mischen. Die restlichen Zutaten zu einer Salatsauce vermischen und unterrühren. Mit Salz und Pfeffer abschmecken.

Kartoffelsalat mit Wildkräutern

250 g Kartoffeln
2 Handvoll Wildkräuter
(z. B. Löwenzahn, Sauerampfer,
Brennesseln)
1 Zwiebel, klein geschnitten
2 EL Öl
1 EL Essig
Salz
Pfeffer

Kartoffeln kochen, schälen und würfeln. Wildkräuter fein hacken (Brennesseln vorher 2 Minuten in kochendem Wasser blanchieren). Mit Kartoffeln und Zwiebel mischen und mit Öl, Essig, Salz und Pfeffer abschmecken.

Rotkohl-Orangen-Salat

1 Orange
250 g Rotkohl,
in feine Streifen geschnitten
1 säuerlicher Apfel,
in kleine Stücke geschnitten
3 EL Essig
1 TL Honig
½ TL Salz
½ TL Paprikapulver
80 g saure Sahne
1 EL Öl

Orange quer durchschneiden. Die eine Hälfte auspressen, die andere schälen und in kleine Stücke schneiden. Rotkohl, Apfel und Orangen-

stücke mischen. Für die Sauce Essig mit Orangensaft, Honig, Salz, Paprikapulver, saurer Sahne und Öl verrühren und unter den Salat heben.

Spinat-Reis-Salat

½ Tasse Vollkornreis
1 Lorbeerblatt
½ TL Fenchelsamen
1 ½ Tassen Gemüsebrühe
100 g Spinat,
in feine Streifen geschnitten
½ Bund Radieschen,
in kleine Stifte geschnitten
1 kleine Zwiebel, gehackt
½ TL Hefeextrakt
1 TL Essig
1 EL Öl
2 EL Tomatensaft

Reis mit dem Lorbeerblatt und den Fenchelsamen in der Gemüsebrühe 40 Minuten oder nach Packungsangabe garen, abkühlen lassen und mit Spinat und Radieschen mischen. Alle übrigen Zutaten zu einem Dressing verrühren, unter den Salat heben und einige Stunden durchziehen lassen.

Suppen

Wirsingkohlsuppe

200 g Wirsing,
  in Streifen geschnitten
100 ml Wasser
2 EL Butter oder Margarine
2 EL Weizenvollkornmehl
1 TL Dillsamen
500 ml Gemüsebrühe
80 g saure Sahne
Salz
Pfeffer

Wirsing in einen Topf geben, Wasser zugießen und zugedeckt etwa 20 Minuten dünsten. Eventuell noch etwas Wasser zugeben. Anschließend im Mixer oder mit dem Pürierstab pürieren. Butter oder Margarine in einem Topf erhitzen, Mehl und Dillsamen zugeben, Gemüsebrühe zugießen und unter Rühren zum Kochen bringen. Den pürierten Wirsing und die Sahne unterheben. Mit Salz und Pfeffer abschmecken.

Misosuppe

Die Alternative zur traditionellen Fleischbrühe – nahrhaft und gesund!

500 ml Wasser
1 – 2 EL Miso (fermentierte
  Sojabohnenpaste)
4 EL Kresse

Wasser zum Kochen bringen und vom Herd nehmen. 4 – 5 EL Wasser herausschöpfen, mit 1 EL Miso verrühren und wieder in das Wasser geben. Kosten und eventuell noch mit etwas mehr Miso nachwürzen. (Da die einzelnen Misosorten sehr unterschiedlich würzen, lässt sich keine genaue Menge angeben.) Nicht mehr aufkochen! Mit der Kresse bestreuen.

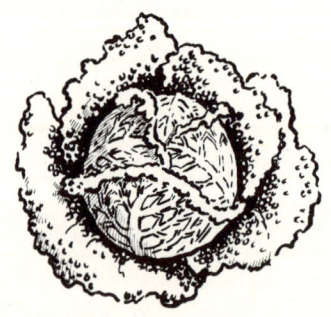

Borschtsch

Kochen Sie ruhig eine größere Portion für die nächsten Tage. Am besten schmeckt der Borschtsch nämlich à la Witwe Bolte: wieder aufgewärmt.

½ Zwiebel
1 Stange Sellerie,
in feine Streifen geschnitten
1 EL Butter oder Margarine
750 ml Gemüsebrühe
½ Möhre, fein gewürfelt
½ Petersilienwurzel, fein gewürfelt
1 kleine Rote Bete, grob gewürfelt
½ Tasse Weiß- oder Rotkohl,
fein geschnitten
½ Knoblauchzehe, zerdrückt
½ TL Thymian
1 EL Tomatenmark
2 Pfefferkörner
Kräuteressig
Salz
4 EL saure Sahne

Zwiebel und Sellerie in der Butter oder Margarine glasig dünsten. Gemüsebrühe zugießen und zum Kochen bringen. Möhre, Petersilienwurzel, Rote Bete, Kohl, Knoblauch, Thymian, Tomatenmark und Pfefferkörner zugeben und etwa 30 Minuten kochen. Im Mixer oder mit dem Pürierstab nur grob pürieren. Bei Bedarf noch etwas Wasser zugießen und mit Kräuteressig und Salz abschmecken. Beim Servieren in die Mitte eines jeden Tellers einen ordentlichen Klecks saure Sahne geben.

Brennesselsuppe

Im Frühjahr sollten Sie auf keinen Fall die Zeit verpassen, in der die Brennesseln ihre jungen Spitzen treiben, denn Brennesseln sind sehr gesund. Sie enthalten reichlich Vitamin C und Eisen, die Vitamine K, E und B_2 sowie zahlreiche Mineralstoffe wie Magnesium, Kalzium und Silizium. Sie fördern die Bildung roter Blutkörperchen, wirken sich günstig auf die Funktion der Nieren, der Leber und der Galle aus und regen die Darmbewegung an.

150 g junge Brennesselspitzen
(beim Ernten Handschuhe
nicht vergessen!)
1 Zwiebel, gehackt
1 Knoblauchzehe, zerdrückt
1 EL Butter oder Margarine
500 ml Gemüsebrühe
2 kleine Kartoffeln
100 ml süße Sahne
Kräutersalz
Pfeffer
Muskat

Brennesseln im Spülbecken in Wasser tauchen und gründlich waschen. Zwiebeln und Knoblauch in der Butter oder Margarine glasig dünsten. Die Brennesseln dazugeben und unter ständigem Rühren zusammenfallen lassen. Mit der Brühe aufgießen und die Kartoffeln dazugeben. Etwa 20 Minuten köcheln lassen, pürieren, mit Sahne vermischen und mit Kräutersalz, Pfeffer und Muskat abschmecken.

Spinat-Zucchini-Creme

1 kleine Zwiebel, grob gehackt
250 g Zucchini, gewürfelt
1 EL Öl
80 g Spinat
1 Kartoffel, geschält und gewürfelt
½ EL Gemüsebrühe
100 ml süße Sahne
1 EL Petersilie, gehackt
Salz
Pfeffer

Zwiebel und Zucchini im Öl andünsten, bis die Zwiebel glasig ist. Spinat, Kartoffel und Brühe zugeben und etwa 20 Minuten köcheln lassen. Im Mixer oder mit dem Pürierstab pürieren. Sahne und Petersilie einrühren, nicht mehr kochen lassen und mit Salz und Pfeffer abschmekken.

Brokkolisuppe mit Grünkernschrot

1 kleine Zwiebel, gehackt
1 EL Butter oder Margarine
500 ml Gemüsebrühe
200 g Brokkoli
1 kleine Kartoffel,
  geschält und gewürfelt
30 g Grünkern, geschrotet
1 Schuss süße Sahne oder Milch
Kräutersalz
Pfeffer

Zwiebel in der Butter oder Margarine glasig dünsten. Die Gemüsebrühe angießen und mit Brokkoli und Kartoffel 10 Minuten kochen lassen. Grünkernschrot dazugeben und weitere 10 Minuten kochen. Im Mixer oder mit dem Pürierstab pürieren. Mit Sahne oder Milch, Kräutersalz und Pfeffer abschmecken.

Hauptgerichte

Spinat-Reis-Auflauf

1 Tasse Vollkornreis
2 ½ Tassen Gemüsebrühe
1 Zwiebel, gehackt
1 EL Olivenöl
250 g Kidneybohnen, gekocht
1 TL getrockneter Majoran
Salz
Pfeffer
300 g Spinat,
   in grobe Streifen geschnitten
2 Tomaten,
   in dünne Scheiben geschnitten
150 g saure Sahne
1 – 2 EL Milch

Reis in der Gemüsebrühe 40 Minuten oder nach der Anweisung auf der Packung bei geringer Hitze garquellen lassen. Zwiebel im Olivenöl glasig dünsten und mit den Kidneybohnen unter den Reis mischen. Die Reismischung kräftig mit Majoran, Salz und Pfeffer würzen und in eine Auflaufform geben. Spinatblätter in ganz wenig Wasser unter ständigem Rühren zusammenfallen lassen und die Reismischung damit bedecken. Tomatenscheiben darauf verteilen, saure Sahne mit Milch verrühren und über die Tomaten streichen. Bei 180 – 200° C 20 Minuten überbacken.

Grünkohlauflauf

300 g Kartoffeln
500 g Grünkohl, grob geschnitten
1 große Zwiebel, gehackt
1 EL Öl
100 g Möhren, grob geraspelt
Salz
Pfeffer
Kümmel
1 Ei
100 ml süße Sahne
50 g mittelalter Gouda,
   frisch gerieben

Kartoffeln in Salzwasser garen. Grünkohl in kochendem Wasser eine Minute blanchieren, abtropfen lassen und klein schneiden. Zwiebel im Öl glasig dünsten. Grünkohl und Möhren dazugeben und etwa 10 Minuten mitdünsten lassen. Mit Salz, Pfeffer und Kümmel kräftig abschmecken. Kartoffeln pellen, in Scheiben schneiden und in eine gefettete Auflaufform legen. Mit der Grünkohlmischung bedecken. Eier mit Sahne und Käse vermischen und über die Masse geben. Bei 180 – 200° C etwa 30 Minuten garen.

Gedämpftes Gemüse mit Petersiliensauce

Frische Petersilienblätter sind reich an Vitamin C (bis zu 200 mg in 100 g Blättern) und enthalten Magnesium und Eisen.

400 g Kartoffeln,
geschält und grob gewürfelt
150 g Blumenkohl,
in große Röschen geteilt
150 g Brokkoli,
in große Röschen geteilt
1 große Möhre,
in dicke Scheiben geschnitten
2 EL Weizenvollkornmehl
2 EL Butter oder Margarine
200 ml kalte Gemüsebrühe
200 ml Milch
1 Bund Petersilie, sehr fein gehackt
Salz
Pfeffer

Das Gemüse im Dämpfeinsatz eines Kochtopfs oder im Dampfgarer über wenig Wasser etwa 20 Minuten dämpfen. Mehl in der Butter oder Margarine anschwitzen, vom Herd nehmen und mit dem Schneebesen die kalte Gemüsebrühe unterrühren. Anschließend die Milch zugießen und unter ständigem Rühren noch einmal zum Kochen bringen. Wieder vom Herd nehmen, die Petersilie unterziehen und die Sauce mit Salz und Pfeffer abschmecken (nicht mehr kochen!). Zusammen mit dem Gemüse servieren.

Eier mit Senfsauce

Nach diesem Standardgericht meiner Großmutter überkam mich während meiner Schwangerschaft ein so unaufschiebbares Verlangen, dass ich auf der Stelle alle Zutaten besorgen und mich an der würzigmilden Sauce laben musste. Am besten schmeckt sie mit einem Riesenklacks Kartoffelpüree, in den man mit dem Löffel eine Mulde drückt und Sauce und Ei hineingibt.

2 EL Butter oder Margarine
2 EL Weizenvollkornmehl
200 ml kalte Gemüsebrühe
200 ml Milch
4 EL mittelscharfer Senf (oder mehr
– je nach Geschmack!)
1 Prise Vollrohrzucker
Salz
Pfeffer
2 Eier, hart gekocht und geschält

Mehl in der Butter oder Margarine anschwitzen, vom Herd nehmen und mit dem Schneebesen die kalte Gemüsebrühe unterrühren. Anschließend die Milch zugießen und unter ständigem Rühren noch einmal zum Kochen bringen. Den Senf unterziehen und die Sauce mit Zucker, Salz und Pfeffer abschmecken. Zusammen mit den Eiern servieren.

Linsen-Brokkoli-Gratin

1 Tasse rote Linsen
2 ½ Tassen Gemüsebrühe
1 Zwiebel, gehackt
½ TL Ingwer, gemahlen
2 EL Olivenöl
400 g Brokkoli
Saft und abgeriebene Schale einer
*   halben unbehandelten Zitrone*
Salz
Pfeffer
50 g Emmentaler, frisch gerieben

Linsen in der Gemüsebrühe etwa
20 Minuten köcheln lassen. Zwiebel
mit dem Ingwerpulver im Olivenöl
glasig dünsten. Brokkoli im Dampfeinsatz garen und in eine flache
Auflaufform geben. Linsen und
Zwiebeln mit Zitronensaft und
Zitronenschale mischen, im Mixer
oder mit dem Pürierstab pürieren
und mit Salz und Pfeffer abschmecken. Die Linsencreme über den
Brokkoli streichen, mit dem Käse
bestreuen und bei 180 – 200° C
20 Minuten überbacken.

Makkaroni mit Petersilie und Zitronen-Zucchini

300 g Vollkorn-Makkaroni
250 g Zucchini,
*   in dünne Scheiben geschnitten*
2 EL Olivenöl
Saft und abgeriebene Schale einer
*   halben unbehandelten Zitrone*
1 Bund Petersilie, fein gehackt
Salz
Pfeffer
50 g Parmesan, frisch gerieben

Nudeln in reichlich Salzwasser bissfest kochen, abgießen und in den
heißen Kochtopf zurückgeben. Zucchini im Olivenöl weich dünsten.
Vom Herd nehmen, mit Zitronensaft
und -schale und Petersilie mischen
und mit Salz und Pfeffer abschmekken. Das Gemüse über die Nudeln
geben und mit Parmesan bestreuen.

Brokkoli-Lasagne

200 g Brokkoli, klein geschnitten
½ Zwiebel, gehackt
1 EL Öl
150 g Champignons,
*   in Streifen geschnitten*
1 Knoblauchzehe, zerdrückt
1 TL Rosmarin
1 TL Majoran
Kräutersalz
150 g Erbsen
4 EL Butter oder Margarine
2 EL Weizenvollkornmehl
125 ml Milch
125 ml Gemüsebrühe
Pfeffer
Muskat
6 grüne Lasagneblätter
*   (ohne Vorkochen)*
100 g Mozzarella,
*   in Scheiben geschnitten*
50 g Parmesan, frisch gerieben

Brokkoli 10 Minuten in Salzwasser kochen. Wasser abgießen und für die Sauce aufheben. Zwiebel in Öl glasig dünsten. Pilze und Knoblauch dazugeben. Mit Kräutern und Kräutersalz würzen. Brokkoli und Erbsen hinzufügen. Für die Sauce Butter oder Margarine zerlassen, Mehl anschwitzen, unter kräftigem Rühren erst die Milch, dann die Gemüsebrühe dazugießen und zum Kochen bringen. Mit Kräutersalz, Pfeffer und Muskat abschmecken. In eine gefettete Auflaufform zwei Lasagneblätter legen, darauf eine Schicht Gemüse geben und mit Sauce bedecken. In der gleichen Reihenfolge weiterschichten, bis die Zutaten aufgebraucht sind (oberste Schicht: Sauce). Mit Mozzarella und Parmesan bedecken. Bei 200 – 220° C etwa 30 Minuten backen.

Hirse-Zucchini-Soufflé

60 g Hirse
150 ml Gemüsebrühe
1 Zwiebel, gehackt
1 Knoblauchzehe, zerdrückt
1 EL Olivenöl
250 g Zucchini, grob geraspelt
Kräutersalz
Pfeffer
1 Ei
2 EL Quark
50 g Schafskäse

Hirse in der Gemüsebrühe 15 – 20 Minuten bei geringer Hitze quellen lassen. Zwiebel und Knoblauch in dem Öl glasig dünsten. Zucchini dazugeben und einige Minuten mitdünsten. Mit Salz und Pfeffer würzen. Ei trennen. Eigelb und Quark verrühren und mit Hirse und Zucchini vermischen. Eiweiß sehr steif schlagen und vorsichtig unterheben. In eine gefettete Auflaufform geben, Schafskäse darüberbröckeln und bei 180 – 200° C 30 Minuten backen.

Grünes Nudel-Bohnen-Gericht

2 EL Arame-Algen
  (aus dem Naturkostladen)
150 g grüne Bohnen, geputzt
2 Kartoffeln, geschält und in
  Scheiben geschnitten
100 g grüne Spirelli- oder
  Bandnudeln
2 EL Parmesan, frisch gerieben
1 Knoblauchzehe, zerdrückt
1 TL getrockneter Thymian
1 TL getrockneter Oregano
2 EL Olivenöl
1 TL Tamari-Sojasauce
Salz
Pfeffer

Die Algen 5 Minuten in Wasser
einweichen, dann im Einweichwasser 20 Minuten leise köcheln, abtropfen und abkühlen lassen. In
einem größeren Topf 3 l Wasser zum
Kochen bringen, grüne Bohnen und
Kartoffeln hineingeben und etwa
10 Minuten kochen lassen. Nudeln
dazugeben und weitere 8 Minuten
garen, dann abgießen (5 EL vom
Kochwasser aufbewahren). Parmesan, Knoblauch, Kräuter, Öl, Algen
und Tamari-Sojasauce vermischen,
mit Salz und Pfeffer kräftig würzen.
Das Kochwasser unterrühren und
alles unter die heiße Nudel-Bohnen-
Kartoffelmischung heben.

Saftiger Körnerauflauf

80 g Roggen
80 g Weizen
125 ml Wasser
1 TL Gemüsebrühextrakt
100 g Grünkohl, gehackt
100 g Blumenkohl,
  in kleine Röschen zerteilt
1 Möhre, in Scheiben geschnitten
¼ Kohlrabi,
  in kleine Stifte geschnitten
2 EL Olivenöl
Kräutersalz
Pfeffer
2 große Tomaten,
  in Scheiben geschnitten
100 g Emmentaler, frisch gerieben
½ Bund Petersilie, gehackt

Roggen und Weizen mindestens
zehn Stunden (am besten über
Nacht) in dem Wasser einweichen.
Im Einweichwasser mit dem
Gemüsebrühextrakt 30 – 40 Minuten leise köcheln lassen, dabei nach
Bedarf Wasser nachgießen. Das
Gemüse im Olivenöl dünsten, gekochte Körner zugeben und mit Salz
und Pfeffer würzen. In eine flache,
gefettete Auflaufform streichen und
mit den Tomatenscheiben belegen.
Käse darüber streuen, bei 180 –
200° C etwa 30 Minuten backen und
mit der Petersilie bestreuen.

Zucchini vom Blech mit Hirsekruste

50 g Hirse
125 ml Gemüsebrühe
1 kleine Zwiebel, fein gehackt
1 Knoblauchzehe, zerdrückt
Saft und geriebene Schale einer
    halben unbehandelten Zitrone
50 g Emmentaler, frisch gerieben
1 Ei
2 EL Milch
½ TL Thymian
Salz
Pfeffer
2 EL Olivenöl
400 g Zucchini
1 EL Butter oder Margarine

Hirse in der Gemüsebrühe 20 Minuten leise köcheln und abkühlen lassen. Mit Zwiebel, Knoblauch, Zitronenschale, Käse, Ei und Milch mischen und mit Thymian, Salz und Pfeffer würzen. Ein kleines Backblech mit 1 EL Olivenöl einfetten. Zucchini der Länge nach in 1 cm dicke Scheiben schneiden und auf dem Backblech verteilen. Restliches Olivenöl mit Zitronensaft mischen und die Zucchinischeiben damit bepinseln. Zuletzt die Hirsemasse darauf streichen und die Butter oder Margarine in Flöckchen aufsetzen. Bei 180 – 200° C etwa 45 Minuten backen.
Dazu schmeckt ein frischer Tomatensalat.

Quinoa-Gemüsetopf

1 Tasse Quinoa
1 kleine Zwiebel, gehackt
2 EL Öl
2 Tassen Wasser
2 Kartoffeln, klein geschnitten
3 Möhren, klein geschnitten
1 Tasse Erbsen
1 EL Petersilie, gehackt
10 schwarze Oliven
Salz
Pfeffer

Quinoa und Zwiebel in Öl anbraten, Wasser zugießen und 15 Minuten bei geringer Hitze quellen lassen. Kartoffeln, Möhren und Erbsen im Dampfgarer oder einem Dämpfeinsatz im Kochtopf garen, mit Quinoa, Petersilie und Oliven mischen und mit Salz und Pfeffer abschmecken.

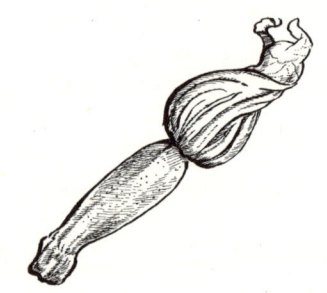

Desserts

Milch-Quinoa mit Sauerkirschen

2 Tassen Milch
1 Tasse Quinoa
Honig
350 g Sauerkirschen aus dem Glas
4 EL Vanillejoghurt

Milch zum Kochen bringen, Quinoa zugeben und bei geringer Hitze 20 Minuten quellen lassen. Mit Honig süßen und mit Sauerkirschen und Vanillejoghurt servieren.

Gebackene Banane

2 Bananen mit Schale
2 Kugeln Vanilleeis

Bananen im Ofen bei 180 – 200° C etwa 20 Minuten backen. Aus der Schale lösen und sofort mit dem Vanilleeis servieren.

Erdbeerquark mit Hirse-Soufflé

Ein sättigendes Dessert, vielleicht nach einem Salat oder einer leichten Suppe.

80 g Hirse
250 ml Wasser
1 Prise Salz
1 Ei
1 EL Honig
50 g Mandeln, gehackt
125 g Quark
5 EL Milch
½ Vanilleschote
250 g Erdbeeren
2 EL Ahornsirup oder Honig

Hirse in dem Wasser mit Salz etwa 25 Minuten bei geringer Hitze ausquellen und anschließend abkühlen lassen. Ei trennen. Das Eigelb, den Honig und die gehackten Mandeln unter die Hirse rühren. Das Eiweiß sehr steif schlagen und vorsichtig unter die Hirsemasse heben. In eine flache, gefettete Auflaufform füllen und bei 180 – 200° C 30 Minuten backen. Den Quark mit der Milch und dem Vanillemark vermischen. Erdbeeren vierteln und unter den Quark rühren. Mit Ahornsirup oder Honig süßen und zu dem Soufflé servieren.

Joghurt mit Feigen und Sesam

Mit diesem leckeren Nachtisch haben Sie schon die Hälfte Ihres täglichen Kalziumbedarfs in der Schwangerschaft gedeckt.

5 Trockenfeigen, fein gehackt
300 ml Joghurt
2 EL Sesamsamen

Feigen und Joghurt mischen und mit den Sesamsamen bestreuen.

Johannisbeer-Buchweizen-Grütze

375 ml Johannisbeersaft
125 ml Wasser
2 EL Honig
¼ Vanilleschote
50 g Buchweizen, fein gemahlen
150 g Himbeeren oder Erdbeeren

Johannisbeersaft mit dem Wasser, dem Honig, dem ausgekratzten Vanillemark und dem Buchweizen aufkochen und 15 Minuten quellen lassen. Beeren in eine Schüssel geben, mit der Grütze begießen und abkühlen lassen. Lecker mit Vanillesauce, Vanilleeis oder flüssiger Sahne.

Süßer Tofu mit Erdbeeren

Saft und abgeriebene Schale von einer unbehandelten Orange
1 EL Honig
½ TL Zimt
1 Prise Kardamom
1 Prise Ingwer, gemahlen
125 g Tofu, klein gewürfelt
250 g Erdbeeren, geviertelt

Orangensaft und -schale, Honig und Gewürze mischen, Tofuwürfel hineingeben und über Nacht durchziehen lassen. Erdbeeren unterheben und noch einmal mindestens 1 Stunde stehen lassen. Gekühlt servieren.

Süße Köstlichkeiten

Rüebli-Torte

Ein nahrhafter Vollwertkuchen, der sich mit etwas Puderzuckerglasur und ein paar Marzipan-Möhrchen auch als Festtagstorte herausputzen lässt.

4 Eier
200 g Honig
Saft und abgeriebene Schale einer
  halben unbehandelten Zitrone
300 g Möhren, fein geraspelt
300 g Mandeln, gerieben
60 g Weizenvollkornmehl
1 Prise Salz
1 TL Backpulver

Eigelb und Honig schaumig rühren, nacheinander Zitronensaft und -schale, Möhren, Mandeln, Mehl, Salz und Backpulver unterrühren. Eiweiß steif schlagen und vorsichtig unterziehen. Den Teig in eine gefettete Springform geben und bei 180° C etwa 40 – 50 Minuten backen.

Sirupriegel

Das Rezept ergibt etwa 16 süße Riegel zum gesunden Naschen.

¼ Tasse Zuckerrübensirup
8 EL Erdnuss- oder Sojaöl
3 Tassen Haferflocken
½ Tasse Sonnenblumenkerne

Sirup und Öl in einem Topf erhitzen, vom Herd nehmen und die Flocken und Sonnenblumenkerne unterrühren. In eine flache, eingefettete Kuchenform geben und bei 180 – 200° C 20 – 25 Minuten backen. Abkühlen lassen und in sechzehn Stücke schneiden.

Am Busen der Natur: Die vegetarische Stillzeit

Eine neue Zeitrechnung hat begonnen: Schwangerschaft und Geburt liegen hinter Ihnen, Ihr Baby ist da! Und plötzlich ist nichts mehr, wie es vorher war ...

Sie erleben eine einmalige, unbeschreiblich schöne, aber auch anstrengende Zeit. Vieles andere erscheint mit einem Mal völlig nebensächlich, tausend neue Eindrücke, Gefühle und Aufgaben stürzen auf Sie ein. Es ist eine Art Ausnahmezustand, in dem Sie versuchen, mit diesem süßen, winzigen Lebewesen an Ihrer Seite einen gemeinsamen Lebensrhythmus zu finden.

Dazu gehört gleich von Anfang an auch die Ernährung. Ja, das Leben eines Neugeborenen scheint fast ausschließlich von seinem Schlafbedürfnis und seinem Hunger bestimmt. Schon kurze Zeit nach der Geburt beginnt es, mit deutlichen Mundbewegungen nach Ihrer Brust zu suchen, das Saugen tröstet es nach dem aufregenden Erlebnis der Geburt und regt bei Ihnen die Milchbildung an. Neben der körperlichen Nähe, dem liebevollen Schutz, der Wärme, Zuwendung und Geborgenheit, die Sie Ihrem Baby geben, wird dies in den ersten Monaten das wichtigste Element Ihrer allmählich wachsenden Beziehung sein: das immer wiederkehrende Wechselspiel zwischen »Ich habe Hunger« und »Ich mache dich satt«.

Überlegen Sie sich schon vorher, wie Sie diese Beziehung gestalten wollen, und diskutieren Sie vor allem ganz offen und ehrlich in Ihrer Partnerschaft darüber. Stillen ist nämlich auch für das vegetarische Baby in der ersten Zeit ganz bestimmt das Allerbeste. Aber die Stillzeit ist nicht immer nur ein Zuckerschlecken, und der Vorsatz, möglichst alle elterlichen Aufgaben gleichberechtigt zu verteilen, wird bereits in dieser Zeit auf die Probe gestellt.

Liebe und Zuwendung sind die wichtigsten Faktoren einer geglückten Stillbeziehung. Dennoch hat es wenig Sinn, nur mit einer idyllischen Wunschvorstellung in diese Beziehung hineinzugehen. Viel besser gegen mögliche Schwierigkeiten gewappnet sind Sie mit der bewährten Grundhaltung des zuversichtlichen Realismus – weshalb wir gleich eingangs auf die vielen Vorteile, aber auch einige Nachteile des Stillens eingehen wollen.

Die vielen Vorteile,
aber auch einige Nachteile des Stillens

Das Stillen hat, so lesen Sie es zu Recht in allen modernen Ratgebern und hören es in allen Geburtsvorbereitungskursen, unendlich viele Vorteile. Die Muttermilch ist den Wachstumsbedürfnissen des Säuglings und den heranreifenden Funktionen seiner Verdauung, seines Stoffwechsels und seiner Ausscheidung optimal angepasst, sie steht jederzeit frisch, keimfrei und wohltemperiert zur Verfügung und ist bei weitem die preiswerteste Babynahrung. (Ausführliche Informationen über die Muttermilch, ihre Zusammensetzung und Schutzfunktion sowie ihre zahlreichen Vorteile trotz eventueller Schadstoffbelastung finden Sie im Kapitel über die Ernährung des vegetarischen Babys unter der Überschrift *Erste Sahne: Die Muttermilch* ab Seite 125.) Beim Stillen wird das Baby nicht nur satt, sondern erfährt auch Nähe, Zuwendung und tröstenden Hautkontakt. Darüber hinaus wirkt das Stillen einer Überernährung des Kindes entgegen, da Babys an der Brust immer nur so viel trinken, wie es tatsächlich ihrem Hunger entspricht. Das Stillen stärkt den Unterkiefer und schützt vor Zahnfehlstellungen. Gestillte Kinder sind häufig gesünder als nicht gestillte, sie haben später einen niedrigeren Cholesterinspiegel, leiden seltener an Infektionen der Atemwege, des Magen-Darm-Traktes, der Harnwege sowie an Hirnhaut- und Mittelohrentzündungen. Hautkrankheiten und Allergien treten bei ihnen weniger häufig auf. Und unter den am »plötzlichen Kindstod« sterbenden Babys sind voll gestillte Säuglinge seltener.

Auch für die Mutter bietet das Stillen etliche Vorteile: Es hilft Ihnen dabei, eine innige Beziehung zu Ihrem Baby aufzubauen, es in all seinen Regungen und Eigenheiten kennenzulernen und besser zu verstehen. Außerdem beschleunigt es bei Ihnen die Rückbildung der Gebärmutter, die sich spürbar zusammenzieht, sobald Ihr Baby an Ihrer Brust saugt, wodurch das Hormon Oxytocin freigesetzt wird. Darüber hinaus gibt es Hinweise, dass das Stillen vor Brust-, Eierstock- und Gebärmutterkrebs schützt. Solange Sie voll stillen, ist es außerdem ziemlich unwahrscheinlich, dass Sie wieder schwanger werden, auch wenn Sie sich darauf bei der Familienplanung besser nicht verlassen sollten.

All diese Vorteile des Stillens liegen so unabweisbar auf der Hand, dass fast alle werdenden Eltern sich für die ersten Lebensmonate ihres Babys nichts anderes vorstellen können. Hört man sich in den Geburtsvorbereitungskursen um, wollen fast alle Mütter ihre Kinder stillen und gehen mit den besten Vorsätzen und schönsten Vorstellungen an die Sache heran. Bei den ersten Treffen, sechs, acht Wochen nach der Geburt, haben dann aber viele das Stillen schon wieder aufgegeben. Karlheinz Niessen führt in seinem Standardwerk *Ernährung des Säuglings* an, dass der Anteil anfangs stillender Mütter seit den siebziger Jahren zwar stetig auf drei Viertel gestiegen sei; bis zum vierten Monat stillt aber nur noch ein Drittel, bis zum sechsten Monat sogar nur noch ein Zehntel der Mütter ihr Kind. Was ist in der Zwischenzeit geschehen?

Eine Ursache für die hohe »Abbruchquote« liegt meines Erachtens in dem Heiligenschein, mit dem das Stillen heute vielfach umgeben wird. In den Elternratgebern und Hochglanzprospekten, die in Beratungsstellen und Arztpraxen ausliegen, werden mit idyllischen Fotos ausschließlich »Momente des Glücks für Mutter und Kind« beschworen, und auch in den sogenannten alternativen Kreisen hat sich eine verklärende Sicht des Stillens breitgemacht.

Als das Stillen aus der Mode kam

Das ist einerseits sehr verständlich. Noch vor wenigen Jahrzehnten war das Stillen nämlich eher verpönt, jungen Müttern wurde eingeredet, sie würden damit nur ihre Figur ruinieren, in den meisten Fällen hätten sie ohnehin »nicht genug Milch«, und die industriell hergestellte Babynahrung sei im Grunde für den Säugling besser geeignet als die zu allem Übel auch noch mit Schadstoffen belastete Muttermilch. Auch in dieser Situation war das Pendel wieder einmal zu weit ausgeschlagen. Die Fertigkost war ursprünglich ja durchaus eine Errungenschaft, die Kindern das Leben retten konnte, denn bis dahin hatten Neugeborene, die von ihren Müttern nicht gestillt werden konnten und keine Amme hatten, so gut wie keine Überlebenschance. Auch nach der Katastrophe in Tschernobyl 1986 wurde die Fertignahrung in Gläschen und Pulverform wieder sehr wichtig, denn im Gegensatz zu vielen frischen Nahrungsmitteln war sie radioaktiv unverseucht. Äußerst nachteilig war jedoch die Vehemenz und Ausschließlichkeit, mit der die Fertignahrung in der Anfangszeit propagiert wurde. In den Nachkriegsjahren fiel diese Haltung auf fruchtbaren Boden. Hanny Lothrop schreibt dazu in ihrem *Stillbuch*: »Als ... [in den fünfziger Jahren] die adaptierten Babynahrungen auf den Markt kamen, herrschte allgemeine Begeisterung: Endlich konnte man wiegen, messen und einteilen, was jedes Kind wann und in welcher Menge zu trinken hat. Jetzt war es plötzlich fortschrittlicher, ›exakt nach Plan mit der Flasche‹ zu füttern als ›nach Gefühl mit der Brust‹ wie zu Großmutters Zeiten. Spätes erstmaliges Anlegen, strenge Fütterungszeiten im Vier-Stunden-Rhythmus, lange Nachtpausen, Zeitknappheit und Stress beim Stillen, Vorfüttern oder Wiegen und Zufüttern laut Tabelle verunsicherten Frauen so sehr, dass sie kaum mehr voll stillen konnten. Die Hersteller industrieller Babynahrungen tragen keine geringe Schuld an dieser Flascheneuphorie. Aus kommerziellen Gründen sind sie sogar so weit gegangen zu behaupten, ihre Milch sei der Muttermilch gleichwertig. Als sie begannen, ihre Präparate in der Dritten Welt anzupreisen und abzusetzen, wurde es kriminell: Säuglinge (z. B. in Afrika), die bis dahin durch das Stillen in den ersten Lebensjahren vor Infektionen und Unterernährung relativ geschützt waren, starben unter den dortigen hygienischen Verhältnissen zu Tausenden an fehlender Muttermilch und keimverseuchter, falsch zubereiteter Nestle-Nahrung (›Nestle tötet Babys‹)«.

In den siebziger und achtziger Jahren haben dann Funde von Schadstoffen in der Muttermilch die gesundheitlichen Vorteile des Stillens erneut in Frage gestellt. Mittlerweile sind die Werte etwas zurückgegangen, zudem überwiegen die Vorteile das Stillens deutlich vor diesen Nachteilen.

Hinter der allgemeinen Stillfeindlichkeit steckte jedoch nicht nur das Profitinteresse der Hersteller künstlicher Babynahrung, sondern auch ein eher verklemmtes Verhältnis zur eigenen Körperlichkeit und die Vorstellung, schon das neugeborene Kind zum »anständigen, vernünftigen Trinken« ohne Lustgewinn erziehen zu müssen. Mütter und Kinder wurden nach der Geburt getrennt, zwischen den peinlich genau eingehaltenen Fütterungszeiten mussten die Babys ohne die tröstliche Nähe ihrer Eltern auskommen, und wenn sie sich dabei die Seele aus dem Hals schrien, so hatte nach damaliger Auffassung auch das sein Gutes, weil sie damit »ihre Lungen kräftigten«.

Die Gegenbewegung: Stillen mit Heiligenschein

Mit Recht haben sich ganze Generationen »neuer Eltern« gegen diesen Blödsinn aufgelehnt, und heute ist das einst so revolutionäre Rooming-in in unseren Krankenhäusern gang und gäbe, Eltern und Kind bleiben nach der Geburt selbstverständlich beisammen, und dem Stillen wird genügend Zeit und Raum gegeben. Um all dies durchzusetzen, waren große Anstrengungen nötig, denn eingefahrene und verkrustete Strukturen werden nur selten freiwillig aufgegeben.

Wie immer, wenn es um das Voranbringen gesellschaftlicher Veränderungen geht, kann die Vehemenz der Argumente später, wenn sie nach vollzogenem Wandel eigentlich nicht mehr notwendig ist, wiederum zum Hemm-schuh werden. So führen der Absolutheitsanspruch und die Idealisierung des Stillens (»auf jeden Fall voll und über den sechsten Monat hinaus«) zuweilen dazu, dass sich frisch gebackene Mütter schlichtweg überfordert fühlen, weil sie diesem Bild nicht genügen können oder wollen. Und so kann es dazu kommen, dass so manche Mutter entnervt das Stillkissen wirft, obwohl ein Kompromiss ihr möglicherweise geholfen hätte und sie das Stillen nicht vollständig hätte aufgeben müssen.

Wenn das Stillen Probleme macht

Wer sich nicht innerlich auf Schwierigkeiten vorbereitet, kann Probleme später schlechter meistern. Deshalb sind zwei Dinge wesentlich: Erstens das *Wissen*, dass es zu sogenannten Stillkrisen kommen kann, die sich mit etwas Geduld und Beharrungsvermögen in der Regel überwinden lassen. Und zweitens die *Offenheit für Kompromisse* – es ist allemal besser, einen Kompromiss zu schließen, als vor einem Absolutheitsanspruch zu kapitu-lieren.

Wenn zum Beispiel alle Tricks und Tips gegen wunde Brustwarzen nichts helfen und eine Frau daher eine Abwehr gegen das Stillen entwickelt, kann es letztlich Wunder wirken, wenn sie eine Brustmahlzeit durch eine Fla-schenmahlzeit ersetzt, damit ihre Brustwarzen schont und ihrem hungri-gen Baby wieder mit einem ganz anderen, positiveren Gefühl begegnet. Auch wenn sich die Milchproduktion dann, wie häufig gewarnt wird, ent-sprechend reduziert, kann dies zu einer *insgesamt* für Mutter und Kind harmonischeren Beziehung führen.

Ähnlich verhält es sich mit den durchwachten Nächten. Nachdem ich drei Monate lang mehrmals pro Nacht gestillt hatte, mich völlig zermürbt fühl-te und zumindest zu ahnen begann, warum Schlafentzug als Foltermetho-de gilt, erinnerte ich mich an eine Freundin, die ihren Zwillingen immer im Wechsel die Brust und die Flasche gegeben hatte, was die beiden ohne Pro-bleme akzeptiert hatten. Zur gleichen Zeit las ich in Barbara Sichtermanns Buch *Leben mit einem Neugeborenen*: »Sie brauchen auch keine Angst zu haben, dass das Baby durch die Flasche der Brust entwöhnt würde, weil es sich beim Gummischnuller weniger anstrengen muss. Babys lieben im all-gemeinen die Brust mitsamt der Anstrengung beim Saugen viel zu sehr, als dass sie sich durch andere Darreichungsformen von ihr entwöhnen ließen«. Derart ermutigt, schloss ich mit meinem Mann den folgenden Pakt: Wenn unser Kleiner zwischen Mitternacht und sechs Uhr morgens hungrig aufwacht, gibt sein Vater ihm die Flasche. Nicht nur war es für mich ein wunderbares und erlösendes Gefühl, nach der letzten Stillmahlzeit um Mitternacht ins Bett zu sinken und zu wissen, dass ich nicht vor sechs Uhr morgens würde aufstehen müssen. Wir machten auch die sehr erleichternde Erfahrung, dass Lewis tatsächlich sowohl die Flasche akzeptierte als auch ebenso bereitwillig wie zuvor an der Brust trank.

Pusten wir daher jetzt, da die Stillfeindlichkeit weitgehend überwunden ist und wir selbst bestimmen können, wie wir die Beziehung zu unserem neugeborenen Kind gestalten, den zwischenzeitlich notwendigen Heiligenschein einfach wieder aus, und betrachten wir das Stillen ganz realistisch – mit all seinen Vorteilen, aber auch mit den Problemen, die es mit sich bringen kann. Denn nur wenn wir uns über diese Probleme im Klaren sind, können wir uns auf Durststrecken einstellen und uns Bewältigungsstrategien zurechtlegen, auf die wir im Bedarfsfall zurückgreifen können.

Stillgruppen
Schon die Gewissheit, dass sie nicht die einzige ist, bei der es mit dem Stillen nicht auf Anhieb wie im Bilderbuch klappt, kann für eine Mutter mit Stillproblemen eine riesige Erleichterung sein. In einem eigenen Abschnitt wollen wir deshalb ganz konkret auf mögliche Stillkrisen eingehen und Wege zur Überwindung solcher Krisen aufzeigen. Empfehlenswert ist außerdem die Anschaffung eines guten Stillbuches, das Ihnen bei der Vorbereitung auf die Stillzeit hilft und in dem Sie immer wieder nachschlagen können, wenn sich konkrete Fragen auftun.

Das A und O in dieser mit vielen Fragezeichen versehenen Zeit ist außerdem der Kontakt zu anderen stillenden Müttern, am besten in einer Gruppe, die sich regelmäßig trifft und von einer Stillberaterin geleitet wird. In vielen Städten gibt es Zentren für Schwangerschaft, Stillzeit und Elternschaft, in denen solche Gruppen – manchmal kombiniert mit Rückbildungsgymnastik, Babymassage o. ä. – angeboten werden. Zögern Sie nicht, sich einer solchen Gruppe anzuschließen, auch wenn es Ihnen am Anfang zu aufwendig erscheinen mag oder Sie eine gewisse Scheu haben, anderen von Ihren Problemen zu erzählen. Die Unterstützung der anderen Frauen und die Möglichkeit zum offenen Gespräch sind jede Überwindung und auch den längsten Anfahrtsweg wert. Sie werden bald sehen, dass andere mit genau den gleichen Schwierigkeiten und Zweifeln kämpfen wie Sie. Gemeinsam lassen sich immer bessere Lösungen finden, und Sie können wechselseitig von den Erfahrungen der anderen profitieren.

Im eigenen Erleben und im Gespräch mit anderen werden Sie immer wieder feststellen: Die Stillzeit hat unendlich viele schöne Seiten, aber sie hält auch einige Fallstricke parat. Ein Baby voll zu stillen, bringt eben nicht nur »Momente des Glücks« mit sich, sondern auch Nachteile, die wir offen benennen sollten, was nicht heißt, dass wir uns angesichts der vielen Vorteile dann nicht doch dafür entscheiden, unser Kind voll zu stillen.

Nachteile des Stillens

Die Nachteile liegen sowohl im individuellen als auch im familiär-gesellschaftlichen Bereich. Für die Mutter bedeutet das Stillen, dass sie unabkömmlich ist, sich stets in der Nähe des Kindes aufhalten muss, zeitlich stark angebunden ist und alle anderen Aktivitäten an den Stillzeiten ihres Kindes ausrichten muss. Wird sie bewusst eingegangen, lässt sich diese individuelle Belastung für eine begrenzte Zeit sicherlich gut verkraften. Sie wirkt sich jedoch nicht nur auf die jeweilige Mutter aus, sondern auch auf das Sozialgefüge, in das diese eingebunden ist, zuallererst natürlich auf ihre Familie. Sehr leicht kann es durch das Stillen von Anfang an zu einer gewissen Schieflage bei der Aufgabenverteilung kommen, weil die Männer ja nun einmal nicht stillen können und die Versorgung des Neugeborenen dann sehr stark auf die Mutter zugeschnitten wird. In einem bestimmten Rahmen ist dies natürlich notwendig, aber es können sich rasch Gewohnheiten und Sichtweisen einschleifen, die zu ändern nachher einiges an Anstrengung und Durchsetzungsvermögen kostet. Dies ist natürlich nicht allein die Schuld der Männer, sondern auch die der Frauen, wenn sie das Stillen und alles damit Verbundene für sich reklamieren, das Kind auf diese Weise sehr schnell in ihren Einflussbereich ziehen und die Männer ausgrenzen. Jedenfalls kann rasch ein Mechanismus entstehen, der die jeweiligen Elternteile über das körperlich Notwendige hinaus in eine bestimmte Nähe bzw. Entfernung des Kindes rückt. So gab mir ein Vater zum Beispiel einmal auf die Frage, wie oft denn der jetzt dreijährige Sohn in der Anfangszeit nachts aufgewacht sei, zur Antwort: »Keine Ahnung. Ich habe das gar nicht mitbekommen. Wenn gestillt wird, ist der Mann ja sowieso außen vor.« Man hört auch von Männern, die vorübergehend aus dem gemeinsamen Schlafzimmer ausziehen, weil ihnen die nächtliche Versorgung des Babys, die ja scheinbar nur von den Frauen geleistet werden kann, zu kräfteraubend erscheint. Und so werden dann möglicherweise Weichen gestellt, die später wieder herumzurücken viel Kraft erfordert.

Was Mütter UND Väter tun können

All dies sollten Mütter und Väter sich bewusst machen, darüber sprechen und nach Lösungen suchen, damit es auf der Suche nach der vermeintlichen Stillidylle nicht zu Frustrationen und unschönen Streitereien kommt. Insbesondere sind auch die Frauen wieder einmal aufgerufen, den Anspruch, alles ohne Hilfe perfekt zu machen, aufzugeben, ihre Männer einzubinden und zu fordern.

Auch wenn nur Frauen stillen können, haben Männer dennoch die Chance, sich aktiv in die Stillbeziehung einzumischen: Sie können das Baby und das Stillkissen herbeitragen, der Frau helfen, sich bequem zurechtzurücken, einen Fußhocker samt Decke bringen, ein Getränk zubereiten. Sie können mit dem Baby das berühmte Bäuerchen machen und es nach dem Stillen oder nach dem Leersaugen einer Brust wickeln. Die Väter können nachts das weinende Baby aufnehmen und trösten und es, wenn es tatsächlich Hunger hat, der Mutter zum Stillen bringen, so dass diese nicht aufstehen muss. Sie können, falls das Baby nicht beim Stillen wieder einschläft, das Kind zurück in sein Bettchen tragen und es in den Schlaf wiegen. Sie können sich, falls dies ihre Zeit erlaubt, auch tagsüber gelegentlich mit hinlegen, ankuscheln und das Stillen so ganz hautnah miterleben ... Der Phantasie sind keine Grenzen gesetzt. Lassen Sie es sich nicht entgehen, diese allererste Zeit mit Ihrem Kind gemeinsam zu gestalten.

Stillen und Politik

Natürlich setzt die familiäre Weichenstellung sich auch auf gesellschaftlicher Ebene fort: Stillende Mütter können nicht gleichwertig arbeiten, sind aus dem Arbeitsprozess herausgenommen, geraten ins Hintertreffen, wenn es um den Wettbewerb um gute Stellen und Karrierechancen geht. In ihrem Buch *Leben mit einem Neugeborenen* zitiert Barbara Sichtermann eine Freundin mit den Worten: »Für mich bleiben die verdammten Nuckelflaschen ein Symbol der Emanzipation ... Schließlich kann ich auch nicht daran vorbeisehen, dass es immer konservative, ja reaktionäre Politiker, Priester und Moralisten gewesen sind, die viel vom Stillen hielten: Das Weib gehört ins Haus, und die Kinder gehören an ihre Brust. Derweil der Mann in den Wäldern jagt oder auf den Ozeanen segelt oder auf den Schlachtfeldern das Vaterland verteidigt. Die stillende Frau ist für mich das Gegenbild und die Ergänzung vom patriarchalen Haudegen: Was er an Dynamik, an Räuberei und Kraft bringt, das zeigt sie an In-Sich-Gekehrtsein, Verzicht und Passivität. In eine solche Rolle könnte ich mich nie finden.«

Ziehen wir aus alledem einen doppelten Schluss: Lassen wir uns keine vorgefertigten Modelle aufdrängen, jagen wir nicht den vorgezeichneten Bildern einer vermeintlichen Idylle nach, sondern suchen wir nach individuellen Lösungen, die sich an unseren jeweiligen Zielen orientieren. Werden wir gleichzeitig nicht müde, Arbeits- und Lebensbedingungen einzufordern, die es Frauen ermöglichen, Mütter zu sein und sich gleichzeitig in ihrem beruflichen Umfeld zu verwirklichen. Als Monika Griefahn als erste amtierende deutsche Ministerin ein Kind bekam und sich ihr Baby zum Stillen in ihr hochoffizielles Dienstzimmer bringen ließ, war dies ein erstes öffentliches Signal dafür, dass Posten mit allerhöchster Verantwortung und Mutterschaft einander nicht ausschließen müssen.

Stillkrisen und wie sie sich überwinden lassen

In der Fachliteratur und der Stillberatung hat sich in den letzten Jahren für problematische Phasen während der Stillzeit der Begriff »Stillkrisen« durchgesetzt. Er klingt vielleicht ein wenig dramatisch, macht aber deutlich, dass es zu schwierigen Situationen kommen kann, die sich zwar in den meisten Fällen bewältigen lassen, in ungelöster Form aber unter Umständen zu einem Abbruch der Stillbeziehung führen. Es hilft ganz bestimmt, wenn Sie sich von vornherein klarmachen, dass es zu Krisen kommen kann (aber nicht muss!) und möglicherweise ein gezieltes Krisen-Management notwendig ist.

Aller Anfang ist schwer

Lassen Sie sich nicht entmutigen, wenn es mit dem Stillen nicht auf Anhieb klappt. In den ersten Lebenstagen des Babys ist so vieles neu; Eltern und Kind sind noch mitgenommen und sehr beeindruckt von der Geburt und müssen einander erst einmal kennenlernen. Weil uns – anders als unseren Vorfahren und Menschen aus anderen Kulturen – die selbstverständlichen Vorbilder in der Großfamilie fehlen, sind wir anfangs im Umgang mit einem Neugeborenen ohnehin eher unsicher. Viele von uns haben bis zur Geburt des eigenen Kindes noch nie ein Neugeborenes gesehen, geschweige denn im Arm gehabt. Zwar tun wir vieles intuitiv richtig und wachsen erstaunlich schnell in unsere neuen Aufgaben hinein, doch es dauert sicherlich einige Tage und Wochen, bis wir die Regungen und Äußerungen unseres Baby verstehen und uns im Umgang mit ihm wirklich sicher fühlen.

Die erste Zeit mit einem Neugeborenen fühlt sich an, wie frisch verliebt zu sein. Alles ist neu, unheimlich spannend und schön, man hat tausend Fragen und ist völlig aufgewühlt. Durch die gewaltige hormonelle Umstellung erleben viele Frauen auch eine Phase der plötzlichen Niedergeschlagenheit, auch »Wochenbett-Depression« oder »Baby-Blues« genannt. Schließlich ist mit der Geburt auch ein gewisser Abschied verbunden, die Zeit der Symbiose in der Schwangerschaft geht zu Ende, und es beginnt ein völlig neuer Abschnitt in der Beziehung zu Ihrem Kind. Lassen Sie auch Ihre traurigen Empfindungen zu, ohne ein schlechtes Gewissen zu haben, und vertrauen Sie darauf, dass aus diesem Gefühlstumult bald ein liebevolles, festes Band zwischen Ihnen und Ihrem Kind entsteht und sich nach einiger Zeit auch das Stillen einpendeln wird. Stillberaterinnen sprechen zu Recht von einer »Stillbeziehung« zwischen Mutter und Kind, die allmählich aufgebaut und gepflegt werden muss, nach einer Weile aber auch eine ganz eigene Stabilität entwickelt, so dass das Stillen bald zu einer Selbstverständlichkeit wird.

Am besten legen Sie Ihr Kleines gleich in der ersten halben Stunde nach der Geburt zum ersten Mal an, denn dann ist es noch wach, ja, es sucht sogar mit schnappenden Mundbewegungen nach der Brust, und sein Saugreflex ist jetzt am stärksten. Achten Sie gleich von Anfang an darauf, dass Ihr Kind mit seinem Mund nicht nur die Warze, sondern möglichst auch den ganzen Warzenhof erfasst, weil die empfindliche Haut dadurch enorm geschont wird. Nutzen Sie die Zeit im Krankenhaus und die Ihnen anschließend zustehende häusliche Betreuung dazu, Kinderkrankenschwestern und Hebammen mit Fragen zu löchern. Haben Sie keine Scheu vor »dummen Fragen« – die gibt es nicht! Lassen Sie sich beim Stillen zuschauen und korrigieren. Manchmal führt allein schon eine falsche Haltung bei Mutter und Kind zu Verkrampfungen und Frustrationen, eine harmonischere Stellung hingegen zu einem friedlichen, innigen Stillerlebnis.

Eine wunderbare Entlastung bringt die Anschaffung eines Stillkissens, mit dessen Hilfe Sie das Baby beim Stillen so anlegen können, dass Ihnen die Arme und Schultern nicht steif werden. Kaufen Sie es rechtzeitig, oder lassen Sie es sich von einem lieben Menschen schenken, denn schon in der Schwangerschaft hilft es Ihnen dabei, trotz des dicken Bauches eine halbwegs bequeme Liegeposition zu finden; später leistet es als Nackenstütze und vielfältig einsetzbares Kuschelkissen gute Dienste.

Auch stillfreundliche Kleidung ist äußerst hilfreich: Ein guter Still-BH, Hosen mit Gummizug und bequeme, weite Oberteile haben sich bewährt. Meine Schwägerin Peggy nähte mir nach dem auf der folgenden Seite abgebildeten Schnitt ein paar geniale Still-T-Shirts, die mir vor allem das Stillen unterwegs und in der Öffentlichkeit enorm erleichterten.

Das Still-T-Shirt

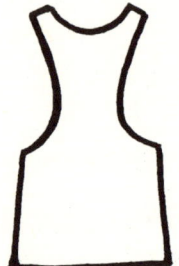 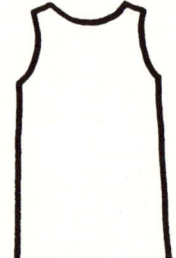  

| innere Vorderseite | innere Rückseite | äußere Vorderseite | äußere Rückseite |

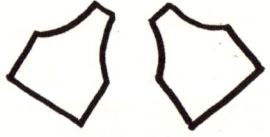

Ärmel

Natürlich reicht die Milch!
Viele Mütter, die das Stillen früher als geplant aufgaben, hatten das Gefühl, ihr ständig hungriges Baby sei an ihrer Brust nicht satt geworden. Dass eine Mutter aber tatsächlich zu wenig Milch für ihr Baby hat, ist äußerst selten. Lassen Sie sich nicht von irgendwelchen Trinkmengen in Milliliter-Angaben oder dem Ratschlag, Ihr Baby nach jeder Stillmahlzeit zu wiegen, verrückt machen. (Einen gesunden Säugling brauchen Sie, wenn überhaupt, nicht mehr als einmal wöchentlich zu wiegen.) Ihr Kind trinkt an Ihrer Brust, so viel es braucht. Bei der Milchbildung bestimmt prinzipiell die Nachfrage über das Angebot. Sie wird von dem Hormon Prolaktin gesteuert. Das Saugen des Babys wiederum reguliert die Prolaktinbildung. Trinkt es oft, wird viel Prolaktin und entsprechend auch mehr Milch gebildet.
Zwar dauert es manchmal ein paar Tage, bis die Milchproduktion entsprechend angekurbelt ist, aber irgendwann kommt es garantiert zu einer Anpassung, es ist dann wieder genug Milch da, um Ihr Baby satt zu machen. Die Abstände der Mahlzeiten verlängern sich wieder, und das Baby verlangt weniger häufig nach der Brust, wenn die Anpassung erfolgt ist.
Die Milchmenge allein ist aber noch nicht ausschlaggebend. Zur Bildung der Milch muss als zweites Element des Stillerfolgs noch der sogenannte Milchflussreflex kommen. Der wiederum wird vom Hormon Oxytocin gesteuert, das der Körper ausschüttet, sobald das Kind zu saugen beginnt. Es bewirkt, dass sich die gefüllten Milchkammern zusammenziehen und ihre Milch auch tatsächlich freigeben. Der Milchflussreflex ist für Stress und Anspannung anfällig, und so kann es durchaus vorkommen, dass Sie zwar genug Milch gebildet haben, diese aber nicht »in Fluss« kommt, weil Sie verkrampft sind oder sich Sorgen machen, es könnte nicht genug Milch vorhanden sein – eine Art Teufelskreis.
Versteifen Sie sich deshalb nicht auf die Milchmenge, sondern denken Sie daran, dass im Leben »alles fließt« – ein Bild, über das sich herrlich phantasieren und meditieren lässt. Gönnen Sie sich Ruhe und Entspannung, genießen Sie das Zusammensein mit Ihrem Baby, und lassen Sie in jeder anderen Hinsicht fünf gerade sein. Haushalt, Arbeit, Besuch – all das kann warten, während Sie einfach da sind, innerlich loslassen und alle Schleusen öffnen.
So wie die Milchbildung wird sich der Milchflussreflex nach einer Weile ganz von selbst einspielen. Viele stillende Mütter berichten, dass ihre Brüste schon zu tropfen beginnen, wenn ihr Baby vor Hunger schreit oder sie ihre Bluse aufknöpfen – der Milchflussreflex wird dann schon durch äußere Signale ausgelöst.

Die ersten Tage

Zu ersten Unsicherheiten über das ausreichende Angebot kommt es häufig schon in den ersten Lebenstagen des Babys, wenn die Milch noch nicht »eingeschossen« ist und das Neugeborene nur die viel dünnere, aber äußerst wertvolle Vormilch (»Kolostrum«) zu trinken bekommt. Vormilch hat einen höheren Mineralstoff- und Eiweißgehalt, und die Hälfte dieses Eiweißes besteht aus Antikörpern. Sie schützt das Neugeborene also optimal vor Infektionen und erleichtert ihm außerdem den ersten Stuhlgang, die Ausscheidung des sogenannten »Kindspechs«. Sie sättigt zwar nicht so wie die fett- und milchzuckerhaltigere »reife« Muttermilch, ist dem sich erst langsam auf die neue Aufgabe einstellenden Verdauungssystem des Neugeborenen aber optimal angepasst. Hanny Lothrop schreibt in ihrem *Stillbuch*: »Da die Immunglobuline in den ersten Stilltagen am höchsten konzentriert sind (...), lohnt es sich allein schon deswegen, zumindestens eine kurze Zeit lang zu stillen.«

Lassen Sie Ihr Baby in den ersten Tagen etwa alle zwei Stunden an jeder Seite zehn Minuten trinken, und versuchen Sie, Ihr Kleines in der Zwischenzeit auf andere Weise abzulenken und zu trösten. Dabei brauchen Sie aber nicht sklavisch auf die Uhr zu schauen. Im Gegenteil, es gilt der Grundsatz, das Baby nach Bedarf und nicht wie früher nach einem strikten Zeitplan zu stillen. Trotzdem sollten Sie sich anfangs ungefähr an diese Abfolge halten, damit Ihre Brustwarzen sich langsam an die intensive Beanspruchung gewöhnen und Sie noch möglichst lange stillen können. Der zweistündige Abstand wirkt außerdem den gefürchteten »Drei-Monats-Koliken« entgegen, die dadurch verschlimmert werden, dass immer wieder frische auf halbverdaute Milch kommt. Seien Sie unbesorgt: Gesunde Neugeborene verlieren in der ersten Woche vorübergehend etwa fünf Prozent ihres Geburtsgewichts. Dies wird in der Regel innerhalb von zwei Wochen aber wieder erreicht. Auch wenn Sie es sich anfangs vielleicht nicht vorstellen können – irgendwann zwischen dem zweiten und fünften Lebenstag des Babys kommt die »richtige« Muttermilch, Ihre Brüste werden prall gefüllt sein und Ihr Baby satt machen.

Spätere Wachstumsschübe

Später gibt es dann in bestimmten Abständen weitere Phasen, in denen sich Ihnen womöglich der Eindruck aufdrängt, Ihrem allzu hungrigen Baby würde die vorhandene Milchmenge nicht genügen. Durch Beobachtung hat man herausgefunden, dass diese Phasen bei allen Babys meist zur gleichen Zeit auftreten, und zwar dann, wenn sie besondere Wachstumsschübe haben und deshalb extra viel »Brennstoff« brauchen. Besonders kritische Zeitpunkte sind zwischen dem 7. und 10. Lebenstag, der 4. und 6. Lebenswoche sowie um die 12. Lebenswoche. Meldet Ihr Baby in diesen Zeiten häufiger seinen Hunger an, oder scheint es von den angebotenen Brustmahlzeiten nicht satt zu werden, brauchen Sie nicht in Panik zu geraten oder an der eigenen Milchproduktion zu zweifeln. Legen Sie Ihr Baby häufiger an, lassen Sie es kräftig saugen, und denken Sie daran, gerade in solchen Zeiten besonders reichlich und gut zu essen und viel zu trinken. Ihr Körper wird mit einer vermehrten Milchproduktion reagieren, nach einigen Tagen stimmen Angebot und Nachfrage wieder überein, und die schwierige Phase ist überwunden.

Bedenken Sie aber auch, dass starke körperliche Belastung oder Aufregung den Milchfluss eventuell bremst, und zwar auch dann, wenn eigentlich genug Milch vorhanden ist. Natürlich können Sie Ihr Baby auch in der Öffentlichkeit oder in einer netten, geselligen Runde stillen. Wenn Sie aber merken, dass dies im Grunde eher Hektik in die Sache bringt, ziehen Sie sich lieber in ein gemütliches Eckchen oder ein ruhiges Zimmer zurück.

Gönnen Sie sich darüber hinaus ausreichend Ruhepausen, ja, zwingen Sie sich zur Ruhe, wenn die eigene innere Energie Sie antreibt und Sie dazu neigen, sich zu übernehmen. Und falls Sie sich dauerhaft überfordert fühlen, ersetzen Sie lieber eine Stillmahlzeit durch die Flasche, wenn es Ihnen dabei hilft, die übrigen Stillmahlzeiten mit größerer Gelassenheit anzugehen.

Wunde Brustwarzen

Wunde Brustwarzen sind so schmerzhaft, dass es große Überwindung kostet, trotzdem weiterzustillen. Deshalb sollten Sie wunden Stellen, Schrunden und Rissen von vornherein vorbeugen. Durch Wechselduschen und regelmäßiges, vorsichtiges Frottieren bereiten Sie Ihre Brustwarzen schon während der Schwangerschaft auf die Stillzeit vor. Später sollten Sie es sich zur Angewohnheit machen, nach jedem Stillen einige Tropfen Muttermilch herauszudrücken, auf die Brustwarzen zu streichen und an der frischen Luft antrocknen zu lassen. (Im Winter können Sie Ihre Brüste auch trockenföhnen.) Überhaupt ist es eine Wohltat, die Brüste möglichst viel der frischen Luft und dem Sonnenlicht auszusetzen; vielleicht haben Sie zu Hause, auf einem uneinsehbaren Balkon oder am Badesee die Gelegenheit dazu. Vermeiden Sie enge Kleidung, und waschen Sie Ihre Brüste möglichst wenig – und wenn, dann nur mit Wasser ohne Seife oder gar Desinfektionsmittel, da dies den natürlichen Säureschutzmantel der Haut zerstören und die Brustwarzen nur noch zusätzlich aufweichen würde. Wenn Ihnen der Kontakt mit der Kleidung unangenehm ist, versuchen Sie es mit dem Tee-sieb-Trick: die Oberteile billiger Kunststoff-Teesiebe abschneiden und in einen weiten, bequem sitzenden BH einlegen. Außerdem sollten Sie Ihr Kind häufiger, dafür aber kürzer anlegen, damit es zu Beginn der Mahlzeit nicht so heißhungrig ist und weniger fest saugt. Achten Sie noch einmal auf die richtige Stillposition: Liegen oder sitzen Sie mit Ihrem Kind tatsächlich Bauch an Bauch, und haben Sie es so angelegt, dass es auch wirklich die Brustwarze mitsamt Warzenhof mit dem Mund erfassen kann? Lassen Sie sich von Ihrer Hebamme oder einer Stillberaterin beim Stillen zusehen und korrigieren, denn oft ist an wunden Brustwarzen eine falsche Haltung schuld.

Wenn Sie kurz davor sind, das Stillen wegen wunder Brustwarzen aufzugeben, versuchen Sie es damit, eine Stillmahlzeit durch ein Fläschchen zu ersetzen. Möglicherweise erholt sich Ihre Brust schon allein dadurch wieder – und Sie können zwar nicht mehr voll, aber trotzdem noch eine ganze Weile weiterstillen.

Milchstau und Brustentzündung

Wenn die Milchgänge nicht genügend geleert werden, kann es zu harten, schmerzenden Stellen kommen. Vorbeugend sollten Sie bei jeder Stillmahlzeit zwei verschiedene Stillstellungen wählen, Ihr Kind also z. B. einmal vor sich und einmal von hinten unter Ihren Arm legen, so dass möglichst alle Bereiche der Brust ausgesaugt werden.

Bei einem Milchstau streichen Sie am besten unter der warmen Dusche mit der flachen Hand mit leichtem Druck in Richtung Brustwarze, bis die Spannung nachlässt. Legen Sie kurz vor dem nächsten Stillen einen warmen Waschlappen auf die betroffene Brust und versuchen Sie, beim Anlegen den Unterkiefer des Babys in Richtung der harten Stelle zeigen zu lassen, damit es diesen Bereich gleich als erstes aussaugt. Ein Stillkissen und viel Platz auf einem großen Bett helfen dabei, die richtige Stellung zu finden. Dabei kann es durchaus sein, dass Sie Ihr Baby über die Schulter mit dem Kopf nach unten halten. Oder Sie legen das Baby aufs Bett und beugen sich so darüber, dass die harte Stelle in Richtung seines Kinns zeigt. Jede Art von Verrenkung ist erlaubt, wenn sie Ihnen nur Erleichterung bringt.

Ein Milchstau wird oft auch durch Stress ausgelöst. Ziehen Sie sich einen Tag zurück, lassen Sie die Arbeit liegen, sagen Sie alle Besuche ab, und legen Sie sich – notfalls mit Ihrem Baby – ins Bett. Die Ruhe wird Ihnen auf jeden Fall gut tun. Falls alle diese Maßnahmen nichts helfen, bringt Ihnen das Abpumpen vielleicht Erleichterung. Manche Frauen sprechen begeistert davon, andere kommen mit der Pumperei gar nicht zurecht. In vielen Apotheken können Pumpen ausgeliehen werden. Probieren Sie einfach aus, ob es für Sie funktioniert. Wenn sich in der gestauten Milch Keime vermehren, kann es zu einer Brustentzündung kommen. Sie spüren Knoten und Schwellungen, die Brust ist heiß, schmerzhaft und gerötet. Hilfreich sind in diesem Fall Wickel mit Magerquark und Kohlblättern. Kommt Fieber hinzu, sollten Sie sich ratsuchend an Ihre Hebamme wenden und ärztliche Hilfe in Anspruch nehmen.

Sie gehen wieder zurück in Ihren Beruf

Vielen Frauen ist es wichtig, möglichst bald wieder in Ihrem Beruf Fuß zu fassen. Mit ein wenig Hilfe und Phantasie muss dieser Wunsch einer innigen Stillbeziehung zu Ihrem Kind nicht entgegenstehen. Überlegen Sie frühzeitig, wie Sie beide Bedürfnisse unter einen Hut bringen können. Am schönsten wäre es natürlich, wenn Sie sich Ihr Kind zu den gewohnten Zeiten zum Stillen bringen lassen könnten. Das setzt voraus, dass bei Ihrer Arbeit ein ruhiges Eckchen vorhanden ist, wo Sie sich vorübergehend ganz auf Ihr Kind konzentrieren können, und dass es eine Person gibt, die Ihr Kind in der Zwischenzeit betreut und es zu Ihnen bringen kann. Berufstätige Mütter haben einen Rechtsanspruch auf Stillpausen: bei einer Arbeitszeit von acht Stunden zweimal täglich eine halbe Stunde oder einmal eine ganze Stunde. Durch diese Stillpausen darf Ihnen kein Verdienstausfall entstehen. Die Zeiten dürfen auch nicht vor- oder nachgearbeitet oder auf die betrieblich festgesetzten Ruhepausen angerechnet werden. Überlegen Sie gemeinsam zu Hause und an Ihrer Arbeitsstelle, wie dieser Anspruch realisierbar ist. Vielleicht sind die anderen hilfsbereiter, als Sie denken. Schließlich geht es nur um eine befristete Übergangszeit.

Wenn Sie während der Arbeitszeit nicht selbst stillen können, Ihr Kind aber am liebsten auch weiterhin ausschließlich mit Muttermilch ernähren wollen, können Sie die einer Stillmahlzeit entsprechende Menge abpumpen, und jemand anders füttert Ihre Muttermilch dann aus dem Fläschchen. Lassen Sie sich das Abpumpen am besten von Ihrer Hebamme zeigen, und seien Sie nicht allzu enttäuscht, wenn es unter Umständen nicht so richtig klappt. Manche Frauen haben überhaupt keine Probleme mit dem

Abpumpen und sehen darin die perfekte Lösung aller praktischen Stillprobleme; bei anderen dagegen streikt der Milchflussreflex, wenn sie statt dem Mund ihres Kindes nur den kalten, »seelenlosen« Saugnapf einer Pumpe spüren, und es kommen mit Müh und Not nur ein paar lächerliche Milliliter Muttermilch zusammen. In dem Fall ist das Abpumpen eben nichts für Sie, und Sie müssen sich eine andere Lösung einfallen lassen.

Aus eigener Erfahrung weiß ich, dass sich nach den ersten Monaten eine Stillmahlzeit problemlos durch eine Flaschenmahlzeit mit industriell hergestellter Babynahrung ersetzen lässt, ohne dass sich dies zwangsläufig auf die übrigen Stillmahlzeiten negativ auswirkt. Wichtig ist, dass Sie die Flaschenkost allmählich einführen, und zwar möglichst schon einige Zeit, ehe es mit der eigentlichen Kinderbetreuung losgehen soll, damit sich Ihr Kind allmählich an die neue Situation gewöhnt. Damit es auch weiterhin die Mutter mit dem Stillen verbindet, sollte eine andere Person dem Kind das Fläschchen geben. Ihr Kind merkt sich dann rasch »Brustmahlzeit hier, Fläschchen dort« und wirft sich auch weiterhin mit Wonne an Ihre Brust. Der Beginn Ihrer Berufstätigkeit muss also noch lange nicht das Ende Ihrer Stillbeziehung bedeuten. Im Gegenteil, vermutlich werden Sie die verbleibenden Stillmahlzeiten und die damit verbundene Nähe zu Ihrem Kind besonders genießen, und diese Freude wird sich auch auf Ihr Kind übertragen. Verzagen Sie deshalb nicht, wenn sich anfangs organisatorische Schwierigkeiten auftürmen. Wenn alle Beteiligten guten Willens sind, lassen sich immer Lösungen finden. Und wenn Sie das Gefühl haben, für die Anforderungen Ihres Berufes und das Stillen nicht genug Energie aufbringen zu können, ist auch das völlig in Ordnung. Sie werden andere Wege finden, um sich Ihrem Kind nahe zu fühlen und das innige Band täglich neu zu knüpfen.

Jenseits aller Krisen

Wir haben nun so viel vom Krisen-Management gesprochen, dass wir den wichtigsten Ratschlag zum Thema Stillen noch einmal betonen müssen: Bleiben Sie gelassen! Ganz bestimmt wird es Ihnen gelingen, zu Ihrem Kind eine ganz persönliche, innige Stillbeziehung aufzubauen. Wie lange diese dauert, wie viele Mahlzeiten pro Tag sie umfasst usw., wird sich ganz allein an Ihrer besonderen Situation orientieren. Werfen Sie jede Art von Dogmatismus über Bord, und fühlen Sie sich nicht unter Rechtfertigungszwang, wenn Sie irgendwelchen von außen an Sie herangetragenen Ansprüchen nicht genügen. Wenn es Sie zu sehr auslaugt, Ihr Kind über Monate hinweg voll zu stillen, ersetzen Sie eine Stillmahlzeit durch eine Flaschenmahlzeit.

Wenn Sie nach einer Weile nur noch eine Mahlzeit pro Tag stillen wollen, ist auch das völlig akzeptabel; Ihr Kind wird diese Mahlzeit ebenso genießen wie die Experimente mit anderer Kost. Und wenn Sie überhaupt kein gutes Gefühl zum Stillen haben und es am liebsten ganz aufgeben möchten, ist auch das kein Weltuntergang. Mit Recht schreibt Gerlinde M. Wilberg in ihrem Buch *Zeit für uns. Ein Buch über Schwangerschaft, Geburt und Kind*: »Wenn eine Mutter glücklicher ist und ihr Baby mehr lieben kann, wenn sie es nicht stillt, ist das richtig. Ein Baby braucht in erster Linie eine glückliche, entspannte Mutter, um sich wohlzufühlen.« Dem ist nichts hinzuzufügen.

Worauf es bei Ihrer Ernährung jetzt ankommt

Die ersten Tage und Wochen mit einem Baby sind oft so aufregend und chaotisch, dass es gar nicht so sehr um die Frage geht, *was* Sie essen, sondern *dass* Sie überhaupt etwas essen. Falls Sie noch ein paar Tage im Krankenhaus bleiben, werden Sie es sicherlich genießen, regelmäßig Ihr Essen ans Bett gebracht zu bekommen, und wenn Sie es gleich bei der Anmeldung angeben, bereitet die Versorgung mit vegetarischem Essen im Krankenhaus heute meist keine Probleme mehr. Falls Sie eine ambulante Geburt oder Hausgeburt planen, sollten Sie unbedingt dafür sorgen, dass sich zumindest in der ersten Zeit jemand anderes als die frischgebackenen Eltern um den Haushalt und vor allem ums Kochen kümmert. Erliegen Sie nicht dem Anspruch, alles selbst schaffen zu müssen, und scheuen Sie sich nicht, andere um Hilfe zu bitten. Es gibt Zeiten, in denen man auf die Hilfe anderer wirklich angewiesen ist, und es wird Ihnen gut tun, die Freundschaft und Hilfsbereitschaft der Menschen zu spüren, die Ihnen wirklich nahestehen.

Keine Zeit zum Essen?

In den USA gibt es die schöne Sitte, Nachbarn und Freunden anlässlich eines so einschneidenden Ereignisses wie der Geburt eines neuen Menschenkindes (aber auch nach Todesfällen, Unfällen, Operationen u. ä.) eine Schüssel mit Essbarem an die Haustür zu bringen. Ich habe diese Tradition immer als nachahmenswert empfunden. Die Betroffenen sind in solchen existentiellen Situationen meist so sehr mit sich selbst beschäftigt, dass sie einfach nicht dazu kommen, an etwas so Banales wie das Essen zu denken; gleichzeitig sind sie aber doppelt darauf angewiesen, etwas Ordentliches hinter die Kiemen zu bekommen. Knüpfen Sie ruhig an diese lobenswerte Sitte an. Bitten Sie Ihre Besucherinnen und Besucher, statt irgendwelcher Verlegenheitsgeschenke eine Schüssel Salat oder einen Kuchen mitzubringen. Die anderen werden zwar vielleicht im ersten Augenblick verblüfft, aber letztlich für den Tip sehr dankbar sein. Und wenn in Ihrem Freundeskreis oder in der Nachbarschaft ein Kind zur Welt kommt, bringen Sie selbst einen Kuchen oder einen im Ofen aufwärmbaren Auflauf vorbei – Sie werden staunen, wie sehr sich die Beschenkten über diese Aufmerksamkeit freuen.

Hamstern Sie außerdem schon vor dem Geburtstermin einen ordentlichen Vorrat an Getränkekisten und Grundnahrungsmitteln. Kleinere Geschäfte und Reformhäuser sind oft auch bereit, Lebensmittel ins Haus zu liefern, und in vielen Gegenden gibt es »rollende Naturkostläden«, die ihre Waren auf Bestellung bis zur Haustür bringen. Erkundigen Sie sich schon vorher nach solchen Angeboten, vielleicht kommen sie ja zumindest vorübergehend für Sie in Frage. Beim Kochen sollten Sie sich in der ersten Zeit auf schnelle, unaufwendige Rezepte beschränken (Beispiele finden Sie gleich nach den Getränken zu Anfang des Rezeptteils zu diesem Kapitel). Wenn Sie in den Wochen vor der Geburt gelegentlich ein bisschen mehr kochen, können Sie auch im Tiefkühlfach einen kleinen Vorrat an fertigen Gerichten anlegen, die Sie dann später nur noch auftauen müssen. Als schnelle, unkomplizierte Zwischenmahlzeiten eignen sich frisches Obst oder Gemüse, Joghurt, Nüsse, Trockenfrüchte und Studentenfutter.

Der Alltag kehrt ein

Nach zwei, drei Wochen kehrt dann allmählich eine Art Alltag ein; Sie und Ihr Baby sind dabei, einen Rhythmus zu finden, und Sie haben wieder mehr Zeit, etwas für sich zu tun und sich etwas Schönes zu kochen. Was sollten Sie dabei beachten?

Mit einer vegetarischen Vollwertkost haben Sie und Ihr Baby die allerbesten Voraussetzungen für eine gesunde Stillzeit. Wie wir im Eingangskapitel (*Lauter gute Nachrichten für vegetarische Eltern und ihre Kinder*, Seite 10) gesehen haben, lässt sich der erhöhte Nährstoffbedarf durch eine gezielt zusammengestellte lakto-ovo-vegetabile Ernährung hervorragend decken. Ähnlich wie in der Schwangerschaft ist der Bedarf an Nahrungsenergie, Protein, Kalzium, Magnesium, Eisen, Jod, Zink und den meisten Vitaminen bei stillenden Müttern erhöht, weil sie viele Nährstoffe mit der Muttermilch an ihr Kind weitergeben und durch die Bildung der Muttermilch Schwerstarbeit leisten. Auch wenn es auf den ersten Blick so leicht und gemütlich aussieht – Stillen ist anstrengend! Die Produktion der Milch und die zahlreichen (oft auch nächtlichen) Mahlzeiten kostet stillende Frauen viel Energie.

Energiebedarf

Trotz unserer grundsätzlichen Abneigung gegen das Kalorienzählen sollten wir einen Moment lang gedanklich bei der Tatsache verweilen, dass für die Bildung von 100 ml Muttermilch etwa 80 kcal benötigt werden. Bei täglich etwa 750 ml Muttermilch entsteht so ein Mehrbedarf von etwa 600 kcal – und das ist eine ganze Menge! Es ist also nicht nur in Ordnung, sondern sogar dringend notwendig, dass Sie mehr essen als sonst. Achten Sie aber darauf, den Mehrbedarf mit vollwertigen und vor allem kohlenhydrathaltigen Lebensmitteln zu decken. So ganz nebenbei werden Sie dann bemerken, dass die während der Schwangerschaft angelegten Fettreserven ganz langsam schmelzen. Eine Diät zum gezielten Abnehmen sollten Sie allerdings auf keinen Fall einlegen. Denn erstens darf das vor der Schwangerschaft angelegte Depotfett in der Stillzeit nicht angegriffen werden. In diesem Depotfett sind nämlich die über viele Jahre aufgenommenen Schadstoffe eingelagert, die dann in die Muttermilch gelangen würden. Und zweitens könnten Sie den während der Stillzeit stark erhöhten Energiebedarf mit einer Diät unmöglich decken. Die Zusammensetzung der Muttermilch würde sich zwar nicht gleich ändern, weil für den Körper die Versorgung des Kindes immer an erster Stelle steht, aber Ihnen würden wichtige Nährstoffe abgezogen, was zu dauerhaften Mangelschäden führen könnte. Seien Sie geduldig – mit einer gesunden vegetarischen Ernährung finden Sie im Laufe der Zeit ganz von selbst wieder zu Ihrem Wohlfühlgewicht zurück. Eine gute Grundlage dafür ist die Teilnahme an einem der speziellen Kurse für Rückbildungsgymnastik, die an vielen Volkshochschulen und Gesundheitszentren angeboten werden. Diese Kurse bieten übrigens auch eine willkommene Gelegenheit, andere Mütter in der gleichen Situation kennenzulernen, Erfahrungen auszutauschen und einander mit Ermutigungen und Tips zur Seite zu stehen.

Nährstoffbedarf

Die Deckung des erhöhten Eiweißbedarfs ist für stillende Lakto-Ovo-Vegetarierinnen kein Problem, zumal Milch und Milchprodukte, die gleichzeitig Kalzium und Phosphor liefern, als Proteinquellen in dieser Zeit besonders wertvoll sind.

Die Zusammensetzung der Fettsäuren in der Muttermilch ist von der Ernährung der Mutter abhängig und bei Vegetarierinnen besonders günstig. Nehmen Sie auch weiterhin ausreichend ungesättigte Fettsäuren (Olivenöl, Distelöl, Sonnenblumenöl) zu sich.

Ein günstiger Kohlenhydratanteil von 50 – 60 % wird bei vegetarischer Kost eher erreicht als bei einer fleischhaltigen Mischkost. Greifen Sie auch jetzt möglichst oft zu Vollkornprodukten und Kartoffeln, Vollkorngetreide oder Vollkornnudeln als Hauptzutat der meisten Mahlzeiten.

Für die Versorgung mit Kalzium, Magnesium, Eisen, Jod, Zink sowie den Vitaminen C, A, D, E, B_1, B_2, B_6, B_{12} und Folsäure gelten die gleichen Regeln wie für die Schwangerschaft. Gehen Sie zur Erinnerung noch einmal die Liste am Ende des Schwangerschaftskapitels (ab Seite 47) durch, die zeigt, welche Nahrungsmittel die wichtigsten Nährstoffe enthalten.

Milchbildende und andere geeignete Nahrungsmittel

In der Stillzeit sollten Sie darüber hinaus sogenannte milchbildende Nahrungsmittel – je nach Verträglichkeit – besonders oft verzehren. Dazu gehören Hafer und Gerstenflocken, Kartoffeln, frisch gekochte Maiskolben, Hülsenfrüchte, Lauch, Salat, Chicorée, Kresse, Kerbel, Fenchel, Kohlrabi, Rote Bete, Möhren, Sellerie, Tomaten, Äpfel, Birnen, Trauben, Pfirsiche, Bananen, Hagebutten, schwarze Johannisbeeren, Leinsamen, Sonnenblumenkerne, Sesam, Walnüsse, Mandeln (und Mandelmus), Pistazien, Weizenkeime, Milch und Sauermilchprodukte, Malzbier, Möhren und Möhrensaft.

Als Rohkost eignen sich Blattsalat, Chicorée, Fenchel, Kerbel, Kresse, Kohlrabi, Möhren, Rote Bete, Sellerie und Tomaten. Als gekochte Gemüse sind Kartoffeln, Artischocken, Blumenkohl, Gurken, Kürbis, Lauch, Mais, rote Paprika, Pilze, Spargel, Spinat, Erbsen und Zucchini empfehlenswert.

Beim Obst sollten Sie besonders zu milden Sorten mit wenig Fruchtsäure greifen, z. B. zu Äpfeln, Bananen, Birnen, Heidelbeeren, Brombeeren, Mangos, Nektarinen, Pfirsichen und Weintrauben.

Ungeeignete Nahrungsmittel

Meiden Sie während der Stillzeit alle Nahrungsmittel, die bei Ihrem Baby zu Wundsein oder Blähungen führen (siehe auch *Ernährungstips bei Wundsein und Blähungen,* Seite 94). Problematisch ist außerdem alles, was Koffein und koffeinähnliche Stoffe enthält, und das betrifft nicht nur Kaffee, sondern auch schwarzen Tee, Kakao, Cola und Schokolade. Koffein wird im Körper des Neugeborenen sehr viel langsamer abgebaut als bei Erwachsenen – Unruhe, Schlaflosigkeit und Koliken können die Folge sein. Trinken Sie deshalb lieber koffeinfreien Kaffee, Getreidekaffee oder Kräutertees, und greifen Sie, wenn der Süßhunger kommt, statt zu Schokolade lieber zu Nüssen, Trockenobst und Lakritz.

Medikamente sollten Sie während der Stillzeit nur in Absprache mit Ihrer Ärztin oder Ihrem Arzt einnehmen. Da viele Arzneimittelsubstanzen in die Muttermilch übergehen, ist hier höchste Vorsicht angebracht.

Auch regelmäßiger Alkoholkonsum kann dem Baby schaden, weil ein Teil des Alkohols in die Muttermilch übergeht und vom Neugeborenen ebenfalls sehr viel langsamer abgebaut wird als von Erwachsenen. Eine halbe bis eine Stunde nach dem Alkoholkonsum ist der Alkoholgehalt in der Muttermilch so hoch wie im Blut der Mutter. Ein gelegentliches Gläschen zum Anstoßen in geselliger Runde ist nicht unbedingt verboten. Trinken Sie es jedoch am besten nach dem Stillen, dann ist bis zur nächsten Stillmahlzeit schon ein großer Teil des Alkohols wieder verflogen.

Dass das Rauchen nicht nur die eigene Gesundheit, sondern auch die Ihres Kindes gefährden, wissen Sie hoffentlich längst. Gestillte Babys von Raucherinnen reagieren mit Unruhe, Erbrechen, Durchfall und Kreislaufstörungen auf Zigarettenrauch und auf Nikotin, das in die Muttermilch übergeht. Ja, die Nikotinkonzentration ist in der Muttermilch dreimal so hoch wie im mütterlichen Blut. Außerdem weist die Muttermilch von Raucherinnen einen erhöhten Kadmium- und Bleigehalt auf. Schützen Sie Ihr Baby auch vor dem Passivrauchen, indem Sie verqualmte Räume meiden und andere bitten, sich in Gegenwart Ihres Kindes keine Zigarette anzuzünden.

Trinken

Ebenso wichtig wie das Essen ist in der Stillzeit das Trinken. Zwei bis drei Liter pro Tag sollten es sein – und das fällt manchen Frauen gar nicht so leicht. Am besten kochen Sie sich gleich morgens eine Kanne Milchbildungstee (Rezept Seite 100) (und wenn Sie den partout nicht mögen, irgendeine andere Sorte Kräutertee – außer Salbeitee, weil dieser abstillend wirkt), den Sie dann über den Tag verteilt trinken. Machen Sie es sich außerdem zur Gewohnheit, während jeder Stillmahlzeit etwas zu trinken, vielleicht ein Glas Leitungswasser, stilles Mineralwasser, Milch oder Buttermilch oder auch eine Flasche Malzbier. Malzbier, das traditionelle »Ammenbier«, wirkt milchbildend und wegen des enthaltenen Zuckers energiespendend, enthält aber doch geringe Mengen Alkohol, weshalb Sie es nicht in großen Mengen trinken sollten. Gegen eine Flasche Malzbier ab und an ist gewiss nichts einzuwenden. Ich habe es während meiner Stillzeit, wenn ich mich so richtig ausgedörrt fühlte, als echten Lebensretter empfunden. Am Anfang des Rezeptteils zu diesem Kapitel finden Sie eine Reihe anderer Getränke, die Sie möglicherweise noch nicht kennen. Vielleicht nehmen Sie sie als Anreiz, etwas Neues auszuprobieren, und es fällt Ihnen dadurch leichter, Ihren erhöhten Flüssigkeitsbedarf zu decken.

Ernährungstips gegen Wundsein und Blähungen

Blähungen sind ein Nebenprodukt der Stoffwechselleistung der Bakterien im Dickdarm. Wenn Zucker, Stärke und Fasern den Dickdarm erreichen, ohne ausreichend verdaut worden zu sein, produzieren diese Bakterien Gas. Nahrungsmittel mit komplexen Kohlenhydraten, die am wahrscheinlichsten Blähungen verursachen, sind Bohnen, Zwiebeln, Knoblauch, Vollkornprodukte mit ganzen Körnern und die meisten Kohlsorten. Auch kohlensäurehaltiges Mineralwasser führt bei entsprechender Veranlagung zu Blähungen.

Das Verdauungssystem eines Neugeborenen vollbringt in der Anfangszeit Hochleistungen, denn im Bauch der Mutter war die Nabelschnur für jegliche Form der Ver- und Entsorgung zuständig, der Darm dagegen völlig inaktiv. Erst mit dem Zeitpunkt der Geburt beginnt der Darm des Babys zu arbeiten, und anfangs ist er darin natürlich noch ziemlich ungeübt. Da Jungen in ihrer körperlichen Entwicklung häufig etwas hinter den gleichaltrigen Mädchen zurückliegen, neigen sie besonders zu Verdauungsproblemen und Blähungen. Darüber hinaus sind die mit der Verdauung verbundenen Empfindungen für das Neugeborene völlig ungewohnt. Jeder Pups kostet ungeheure Anstrengungen und verursacht merkwürdige Körpergefühle, auf die viele Babys mit verunsichertem Jammern oder wütendem Schreien reagieren. Außerdem gibt es ohnehin tausend neue Eindrücke und Erlebnisse zu »verdauen«. Nicht jedes Unwohlsein Ihres Babys ist ernährungsbedingt. Auch Stress durch zu viel Besuch, familiäre Hektik oder andere Faktoren können im Darm des Kleinen zu Bauchweh oder Verspannungen führen.

Ob die Nahrungsmittel, die Sie essen, die Blähungen Ihres Babys tatsächlich verschlimmern oder gar erst verursachen, lässt sich nicht mit Sicherheit voraussagen. So wird z. B. üblicherweise vor dem Verzehr von Knoblauch in der Stillzeit gewarnt, und doch gibt es unzählige – nicht nur türkische, italienische oder griechische – Frauen, die ihren Knoblauchkonsum in dieser Zeit nicht im Geringsten einschränken und damit ebenso wenig Probleme haben wie ihre gestillten Kinder. Ich erinnere mich noch deutlich an eine Mutter aus meiner Stillgruppe, die erzählte, sie habe mit reichlich schlechtem Gewissen, aber dennoch großem Appetit eine riesige Portion Grünkohl verzehrt und tagelang vergeblich auf die katastrophalen Folgen gewartet.

Die üblichen »Verbote« für stillende Mütter lassen sich also nicht verallgemeinern, und es ist völlig unangemessen, wenn Außenstehende sich beim leisesten Muckser Ihres Babys zu der vorwurfsvollen Frage berufen fühlen: »Was haben Sie denn gegessen?« Sie sind nicht die einzige Mutter, der diese Frage auf die Nerven geht! Weisen Sie den ungebetenen Kommentator ruhig darauf hin, dass ein Neugeborenes aus vielen Gründen schreien kann und dies im übrigen eine der ganz wenigen Äußerungsmöglichkeiten ist, die ihm am Anfang seines Lebens zur Verfügung stehen, um seine Eindrücke zu verarbeiten und auf sich aufmerksam zu machen.

Wenn Ihr Kleines selten oder gar nicht unter Blähungen leidet, können Sie ruhig ein wenig herumexperimentieren, um herauszufinden, ob zwischen Ihrer Ernährung und möglichen Blähungen Zusammenhänge bestehen. Verwenden Sie die oben genannten Lebensmittel vorsichtig, und beobachten Sie, was geschieht. Möglicherweise müssen Sie sich weniger einschränken, als Sie gedacht haben.

Hat Ihr Baby dagegen häufiger Blähungen, sollten Sie Bohnen, Kohl, Zwiebeln und Knoblauch lieber meiden. Greifen Sie außerdem zu Broten aus gemahlenem Vollkornmehl (ohne ganze Körner), und trinken Sie statt kohlensäurehaltigen Getränken Leitungswasser oder stilles Mineralwasser. Nehmen Sie sich Zeit zum Essen, und achten Sie darauf, langsam und gründlich zu kauen. Je mehr Verdauungssäfte gleich zu Beginn dazukommen, desto verdaulicher ist das Essen, wenn es im Darm eintrifft.

Verdauungsprobleme bei Säuglingen können auch erste Anzeichen von Allergien sein. Milch und Milchprodukte sind manchmal besonders problematisch. Versuchen Sie es mit den gesäuerten, darmverträglicheren Varianten wie Buttermilch, Kefir, Joghurt und Schwedenmilch. Bei einer nachgewiesenen Allergieneigung in der Familie kann es sinnvoll sein, wenn Sie ganz auf Eier und Milchprodukte verzichten. Meiden Sie auch alle Lebensmittel, die bei Ihnen oder anderen Verwandten des Babys schon einmal allergische Reaktionen ausgelöst haben.

Hilfen bei Blähungen

Hat Ihr Baby Blähungen, fühlt sich sein Bauch hart und rund an (»Trommelbauch«) und zieht es schreiend die Beine an, versuchen Sie es mit warmem Fencheltee und sanften Bauchmassagen. Auch die Bauchlage und das Herumtragen im »Fliegergriff« (bäuchlings auf Ihren verschränkten Unterarmen) bringen Erleichterung. In Apotheken ist eine »Windsalbe« erhältlich, die bei jedem Wickeln in kreisenden Bewegungen (im Uhrzeigersinn) rund um den Bauchnabel einmassiert wird. Wärme ist ebenfalls wohltuend. Probieren Sie es mit einem angewärmten Kirschkernsäckchen oder einer Wärmflasche. Auch warmes Föhnen des Babybauches (durch Ihre gespreizte Hand, damit es nicht zu heiß wird) hat sich in hartnäckigen Fällen als entspannend erwiesen. Wahre Wunder soll außerdem eine fachkundige Fußreflexzonenmassage wirken. Erkundigen Sie sich nach einem Krankengymnasten oder einer Heilpraktikerin, die diese Methode beherrscht. Als homöopathisches Mittel kommt vor allem Chamomilla in Betracht. Lassen Sie sich von einer Homöopathin oder einem homöopathiekundigen Kinderarzt beraten.

Hilfen bei Wundsein

Auch ein wunder Po ist äußerst unangenehm und kann Ihrem Baby sehr zu schaffen machen. Vermeiden Sie teure, parfümierte Baby-Cremes, die unter Umständen erst recht zu Ausschlägen und Allergien führen, und beschränken Sie sich bei der Körperpflege Ihres Babys vor allem zu Anfang auf reines Wasser und ein wenig Pflanzenöl (z. B. süßes Mandelöl aus der Apotheke). Bei wunden Stellen hilft dünn (!) aufgetragene weiche Zinkpaste oder Calendula-Salbe. Beobachten Sie, welche Nahrungsmittel sich auf Ihr gestilltes Kind negativ auswirken. Wegen der Säure ist bei allen Zitrusfrüchten, Kiwis, Ananas, Sanddorn, Rhabarber und Vitamin-C-Präparaten Vorsicht geboten. Auch Erdbeeren sind zuweilen problematisch.
Aus alledem können wir nun wiederum eine Positivliste besonders empfehlenswerter Nahrungsmittel zusammenstellen. Ziehen Sie diese Liste zu Rate, wenn Sie den nächsten Einkauf oder die nächste Mahlzeit planen,

und bringen Sie die aufgeführten Dinge möglichst oft auf den Tisch. Die Beispiele im Rezeptteil sollen Ihnen dafür erste Anregungen geben. Probieren Sie aus, was Ihnen schmeckt, und variieren Sie selbst nach Ihren Bedürfnissen und Möglichkeiten.

Positivliste:
Was stillende Frauen (und ihre Lieben) essen sollten

1. Vollkornprodukte und Kartoffeln
(liefern Energie, Eiweiß, wertvolle Fette, Vitamine und Ballaststoffe):
Kartoffeln, Vollkornnudeln, Brote aus gemahlenem Vollkornmehl
(ohne ganze Körner), gemahlenes Vollkorngetreide, Hirse, Amaranth,
Quinoa, Hafer- und Gerstenflocken, Weizenkeime.

2. Hülsenfrüchte
(liefern Eiweiß, Vitamine und Mineralstoffe):
Sojaprodukte (Sojadrink, Sojaghurt, Tofu, Brotaufstriche), Linsen,
junge Erbsen, Kichererbsen (einschließlich Hummus)

3. Gemüse
(liefert Vitamine und Mineralstoffe):
Als Rohkost: Avocados, Blattsalat, Rapunzel (Feldsalat), Chicorée,
Endivien, Löwenzahnsalat, Fenchel, Kerbel, Kresse, Kohlrabi, Möh-
ren (und frischer Möhrensaft), Rote Bete, Sellerie und Tomaten.
Gegart: Kartoffeln, Artischocken, Blumenkohl, Gurke, Kürbis,
Lauch, Mais, Paprika, Pilze, Pastinaken, Champignons, Steinpilze,
Spargel, Schwarzwurzeln, Spinat (mit Reis), Mangold, Erbsen und
Zucchini.

4. Frisches Obst
(liefert Ballaststoffe, Vitamine und Mineralstoffe):
Äpfel, Birnen, Bananen, Heidelbeeren, Brombeeren, Mangos, Nektarinen, Aprikosen, Pfirsiche, schwarze Johannisbeeren, Weintrauben, Honigmelonen. Als Mus: Hagebutten. Vorsicht bei Zitrusfrüchten und Erdbeeren!

5. *Nüsse, Samen, Trockenfrüchte*
(liefern Energie, Eiweiß, wertvolle Fette und Spurenelemente):
Mandeln, Walnüsse, Haselnüsse, Cashewnüsse, Paranüsse, Erdnüsse und daraus hergestellte Nussmuse. Leinsamen, Sesamsamen (und Tahin/Sesammus), Sonnenblumenkerne, Kürbiskerne, Pistazienkerne. Getrocknete Aprikosen, Datteln, Feigen, Pflaumen, Rosinen.

6. *Sonstige vitamin- und mineralstoffhaltige Lebensmittel*:
Hochwertige, kaltgepresste Pflanzenöle, z. B. Olivenöl, Sonnenblumenöl, Distelöl (liefern gesättigte und ungesättigte Fettsäuren) und Margarine ohne gehärtete Fette. Meeresalgen (liefern Spurenelemente, vor allem Jod). Hefeextrakt und Hefeflocken (liefern B-Vitamine). Miso (liefert Vitamin B_{12} und viele weitere wertvolle Nährstoffe). Weizenkeime (liefert eine Vielzahl von Vitaminen und Spurenelementen). Meersalz (liefert Jod). Zuckerrübensirup und Lakritz (liefern »süßes« Eisen).

7. *Milchprodukte und Eier*
(liefern Eiweiß und Kalzium):
In Maßen Milch, Buttermilch, Schwedenmilch (Reformhaus oder Naturkostladen), Joghurt, Kefir, Dickmilch, Quark, Käse, Butter. Ein Ei pro Woche.

Dazu sehr viel trinken:
Wasser (ohne Kohlensäure), Kräutertee (vor allem Milchbildungstee), frischen Möhrensaft, Getreidekaffee, in Maßen Malzbier, Milch oder Buttermilch; andere Getränke siehe Rezeptteil.

 # Vegetarische Rezepte für die Stillzeit

Damit die frischgebackenen Eltern sich auch in der anstrengenden ersten Zeit mit dem neugeborenen Baby gemeinsam an gesunden, vollwertigen Mahlzeiten laben können, sind in diesem Teil alle Rezepte für zwei Personen berechnet. Die einzige Ausnahme bilden die Getränke für stillende Mütter, die nur für eine Person gedacht sind. Haben andere Familienmitglieder oder Gäste ebenfalls Lust auf Bananenmilch, Kräuter-Buttermilch oder einen alkoholfreien Cocktail, brauchen Sie die angegebenen Mengen nur mit der gewünschten Personenzahl zu multiplizieren.

Getränke für stillende Mütter

Milchbildungstee

Fenchelsamen
Anissamen
Kümmelsamen
Brennesselblätter

In der Apotheke die Zutaten zu gleichen Teilen mischen und die Samen frisch im Mörser anstoßen lassen, damit die aromatischen Öle beim Aufbrühen besser freigesetzt werden können. Jeden Morgen aus 4 – 5 TL Teemischung eine Literkanne aufbrühen und über den Tag verteilt trinken.

Anismilch mit Honig

Ein milchbildender Seelentröster für den Abend.

1 großes Glas Milch
½ TL Anissamen
½ TL getrocknete Lavendelblüten
1 Prise Kardamom, gemahlen
1 TL Honig

Milch mit Anissamen und Lavendelblüten vorsichtig erhitzen und eine Viertelstunde ziehen lassen. Durch ein Teesieb gießen und mit Kardamom und Honig verrühren.

Bananenmilch

1 großes Glas Milch
1 kleine reife Banane
1 TL Mandelmus

Milch und Banane im Mixer verquirlen, Mandelmus einrühren – fertig!

Kräuter-Buttermilch

250 g Zucchini, grob gewürfelt
500 ml Buttermilch
2 EL Zitronensaft
1 EL Dill, fein gehackt
1 EL Schnittlauch, fein gehackt
½ TL Kräutersalz
einige Dillzweige oder
Borretschblüten

Zucchini und Zwiebel im Mixer oder mit dem Pürierstab zerkleinern, restliche Zutaten (außer Dill bzw. Borretsch) dazugeben und pürieren. In Gläser füllen und mit Dillzweigen oder Borretschblüten garnieren.

Ayran

Das türkische Joghurt-Getränk ist eine herrliche Erfrischung und liefert gleichzeitig wertvolle Nährstoffe wie Proteine und Kalzium.

250 g Vollmilchjoghurt
100 ml stilles Mineralwasser
1 Prise Salz
½ Bund Pfefferminze, Kerbel
oder Dill, fein geschnitten

Joghurt, Wasser und Salz im Mixer verquirlen, Kräuter unterrühren und mindestens 1 Stunde im Kühlschrank kalt stellen. Vor dem Servieren mit dem Schneebesen schaumig schlagen.

Eisgekühlter Kerbeltrunk

Von dieser leckeren Kräutermixtur sollten Sie sich gleich eine ganze Kanne zubereiten, denn Kerbel wirkt nicht nur milchbildend, er enthält auch wertvolles Vitamin C, Eisen und Magnesium. Am besten schmeckt der erfrischende Trunk an einem warmen Sommertag.

300 g Zucchini
1 Bund Kerbel
Saft einer Zitrone
Kräutersalz
Pfeffer
Vollrohrzucker
1 Prise Cayennepfeffer
einige Spritzer Worcestersauce
1 Flasche Mineralwasser
8 Eiswürfel

Zucchini und Kerbel grob schneiden und mit dem Zitronensaft im Mixer oder mit dem Pürierstab fein pürieren. Mit den Gewürzen abschmecken, mit Mineralwasser auffüllen, nochmals durchrühren, Eiswürfel hineingeben und sofort servieren.

Sonnenblumen-Sesam-Drink

Ein milchfreier Durstlöscher mit gesunden pflanzlichen Fetten und Spurenelementen.

1 Tasse Sonnenblumenkerne
2 EL Sesamsamen
50 g Rosinen
5 Tassen Wasser
etwas Zitronensaft

Sonnenblumenkerne, Sesamsamen und Rosinen in Wasser etwa 4 Stunden einweichen. Anschließend im Mixer pürieren und eventuell mit etwas Zitronensaft abschmecken.

Sommernachtstraum

Ein alkoholfreier, fruchtiger Cocktail für die Gartenparty.

250 ml Orangensaft , frisch gepresst
3 EL Himbeersirup
50 ml stilles Mineralwasser
etwas zerstoßenes Eis
einige frische Himbeeren
Minze- oder Melisseblätter

Orangensaft und Himbeersirup mischen, mit Mineralwasser aufgießen, mit zerstoßenem Eis auffüllen und mit Himbeeren und grünen Blättern garnieren.

Möhrencocktail

Ohne hochwertiges Fett kann der Körper das Beta-Carotin der Möhren nur schlecht in Vitamin A umwandeln, deshalb enthält dieser erfrischende Cocktail einen kleinen Schuss Olivenöl.

2 große Möhren
50 ml stilles Mineralwasser
ein kleiner Schuss Olivenöl
Saft einer halben Zitrone
etwas Möhrengrün

Möhren, Mineralwasser, Öl und Zitronensaft im Mixer pürieren und mit einigen Möhrenblättchen garnieren.

Salbeitee zum Abstillen

Wenn Sie möchten, dass sich Ihre Milchproduktion verringert, trinken Sie zur Unterstützung täglich zwei bis drei Tassen Salbeitee.

1 TL getrocknete Salbeiblätter
1 Tasse kochendes Wasser
etwas Honig

Die Salbeiblätter mit einer Tasse kochendem Wasser überbrühen, zugedeckt 10 Minuten ziehen lassen, abseihen und nach Bedarf mit Honig süßen.

Blitzrezepte für die ersten Wochen

Die ersten Wochen mit dem Baby sind am anstrengendsten. Die neue Familie muss sich erst aneinander gewöhnen, es gibt noch keinen festen Tagesrhythmus. Sie sind noch erschöpft von der Geburt, und die Nächte sind kurz und vielfach unterbrochen. In dieser Situation gibt es keine Zeit für aufwendige Gerichte mit langwieriger Zubereitung. Deshalb hier ein paar besonders einfache, schnelle Rezepte, die sich ganz spontan auch einmal zwischen Tür und Angel zubereiten lassen.

Gefüllte Avocados

2 reife Avocados
Saft einer halben Zitrone
4 Radieschen, fein gewürfelt
Salz
Pfeffer
250 g Frischkäse
1 Schälchen frische Kresse
Vollkornbrot und Butter

Avocados längst halbieren, leicht aushöhlen und sofort mit Zitronensaft beträufeln. Ausgehöhltes Fruchtfleisch klein schneiden, mit den Radieschen und dem Frischkäse vermischen, mit Salz und Pfeffer würzen. Die Käsemischung in die Avocadohälften füllen und mit der Kresse garnieren. Mit Vollkornbrot und Butter servieren.

Spaghetti mit Kräuter-Sahne-Sauce

250 g Vollkorn-Spaghetti
100 ml süße Sahne
1 EL Olivenöl
4 EL frische Kräuter, fein gehackt
40 g Parmesan, frisch gerieben

Die Spaghetti in reichlich Salzwasser bissfest kochen und abgießen. Mit der Sahne, dem Öl und den Kräutern mischen und mit dem Käse bestreuen.

Warmer Haferbrei mit geriebenen Haselnüssen

300 g Haferflocken
400 ml Milch
400 ml Wasser
2 TL Honig
50 g Haselnüsse, gerieben

Haferflocken etwa eine halbe Stunde in der Milch und dem Wasser einweichen. 5 – 8 Minuten kochen, etwas abkühlen lassen und den Honig einrühren. Mit den Haselnüssen bestreuen.

Schneller Reissalat

1 Tasse Vollkornreis
1½ Tassen Wasser
1 grüne Paprika, klein geschnitten
2 Tomaten, fein gewürfelt
4 EL Maiskörner
2 EL Kürbiskerne
1 EL Sesamsamen
1 EL Tamari-Sojasauce
2 EL frische Kräuter, gehackt

Vollkornreis in dem Wasser etwa 40 Minuten oder nach Packungsangabe leise köcheln und abkühlen lassen. Mit den übrigen Zutaten vermischen.

Baked Potatoes mit Kräuterquark

2 sehr große oder 4 große Kartoffeln
etwas Butter
250 g Kräuterquark

Kartoffeln im Backofen 40 – 60 Minuten backen, bis sie sich beim Einstechen mit der Gabel weich anfühlen. Der Länge nach aufschneiden, mit etwas Butter bestreichen und mit einem großen Klacks Kräuterquark füllen.

Spinat mit Kartoffelpüree und Ei

500 g Tiefkühlspinat
500 g Kartoffeln
etwas warme Milch
Salz
Muskatnuss, gerieben
2 Eier
Butter oder Margarine zum Braten

Spinat nach Packungsaufschrift auftauen und garen. Kartoffeln in Wasser garen, pellen und mit der warmen Milch zu Püree zerstampfen. Mit Salz und Muskatnuss würzen. Zwei Spiegeleier in der Pfanne braten und zu Spinat und Kartoffelpüree servieren.

Milchreis mit Obst und gehackten Mandeln

100 g Vollkornreis (Rundkorn)
100 ml Wasser
100 ml Milch
250 g Obst der Saison (z. B. Äpfel, Pfirsiche, Kirschen)
2 EL Vollrohrzucker
½ TL Zimt
50 g Mandeln, grob gehackt

Reis in dem Wasser leise köcheln lassen, bis er das Wasser aufgesogen hat. Dann die Milch zugießen und weiter ausquellen lassen. Obst mit wenig Wasser aufkochen und unter den Reis mischen. Zucker mit Zimt verrühren und zusammen mit den Mandeln darüber streuen.

Möhren mit roten Linsen

200 g rote Linsen
2 große Möhren
800 ml Gemüsebrühe
4 EL frische Kräuter (z. B. Petersilie, Kerbel, Pimpinelle, Borretsch)
1 Prise Curry

Linsen und Möhren in der Gemüsebrühe 20 Minuten köcheln lassen. Kräuter einrühren und mit Curry abschmecken.

Spargel mit Butter und Kartoffeln

500 g frischer Spargel
500 g Kartoffeln
100 g Butter
2 EL Petersilie, gehackt
Salz

Spargel putzen, holzige Stellen entfernen, im Dampfgarer oder in einem Kochtopf mit reichlich Salzwasser 15 – 20 Minuten garen und vorsichtig herausheben. Kartoffeln in Wasser kochen oder dämpfen. Butter zerlassen. Spargel und Kartoffeln mit der Butter begießen, mit der Petersilie bestreuen und mit etwas Salz würzen.

Roter Quinoa-Tofu-Topf

300 g Champignons,
   grob geschnitten
250 g Tofu, gewürfelt
1 EL Öl
150 g Quinoa
300 ml Tomatensaft
2 EL süße Sahne
Salz
Paprikapulver

Champignons und Tofu im Öl kräftig anbraten. Quinoa zugeben, mit Tomatensaft angießen und 15 Minuten bei geringer Hitze quellen lassen. Sahne einrühren und mit Salz und Paprikapulver abschmecken.

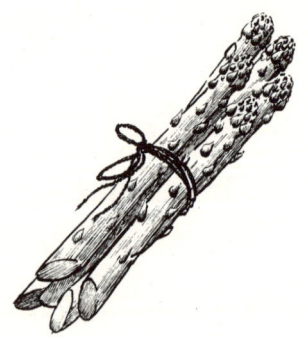

Salate

Spinatsalat

200 g frischer Spinat
4 Möhren, grob geraspelt
2 EL Vollkornreis, gekocht
1 EL Sonnenblumenkerne
1 Zitrone
Salz
Pfeffer
½ TL Honig
2 EL Öl

Gewaschene Spinatblätter aufeinanderlegen und in etwa zwei Zentimeter breite Streifen schneiden. Mit den Möhren, dem Reis und den Sonnenblumenkernen mischen. Die eine Hälfte der Zitrone ausdrücken, die andere Hälfte schälen und in kleine Stücke schneiden. Zitronenstücke und -saft, Salz, Pfeffer und Honig verrühren. Öl unterschlagen und über die Salatzutaten gießen. Den Salat vor dem Servieren eine halbe Stunde durchziehen lassen.

Rote-Bete-Salat

2 kleine Rote Bete,
  geschält und grob geraspelt
1 Apfel, grob geraspelt
1 Handvoll frische Sprossen
  (z. B. Alfalfa, Rettich oder
  Kresse)
2 EL Öl
1 EL Obstessig
1 Messerspitze Anis, gemahlen
1 Messerspitze Koriander, gemahlen
1 Prise Muskat
1 Prise Nelken, gemahlen
½ Bund Schnittlauch,
  fein geschnitten

Rote Bete, Äpfel und Sprossen vermischen. Öl, Essig und Gewürze verquirlen und unter den Salat heben. Mit Schnittlauch bestreuen.

Rapunzelsalat mit Sanddorn

100 g Rapunzel,
    gründlich gewaschen
½ Apfel, entkernt und in kleine
    Stücke geschnitten
100 g Joghurt
1 EL Sanddornmus
Saft einer halben Orange
Pfeffer

Rapunzel und Apfel mischen.
Joghurt, Sanddornmus und Orangensaft verrühren, mit Pfeffer würzen und unter den Salat heben.

Bunter Fenchelsalat

1 Fenchelknolle,
    in sehr feine Streifen geschnitten
1 kleine Orange,
    geschält und in Stücke geschnitten
¼ Salatgurke, gewürfelt
¼ rote Paprika,
    in schmale Streifen geschnitten
2 EL Olivenöl
1 EL Zitronensaft
½ TL Senf
Salz
Pfeffer
2 EL Walnusskerne, grob gehackt
2 EL Fenchelgrün, fein gehackt

Fenchel, Orange, Gurke und Paprika mischen. Öl, Zitronensaft und Senf zu einer sämigen Sauce verrühren, mit Salz und Pfeffer würzen und unter den Salat heben. Mit Walnusskernen und Fenchelgrün bestreuen.

Avocado-Orangen-Salat

1 Avocado, geschält und gewürfelt
2 Orangen, geschält und gewürfelt
1 Handvoll frische Spinatblätter,
in feine Streifen geschnitten
2 TL Zitronensaft
2 EL Mayonnaise
1 TL Honig
Salz
Pfeffer

Avocado, Orangen und Spinat mischen. Zitronensaft, Mayonnaise und Honig verrühren, mit Salz und Pfeffer würzen und über den Salat geben.

Klassischer Kartoffelsalat

500 g Pellkartoffeln,
in größere Würfel geschnitten
1 nicht zu säuerlicher Apfel,
fein gewürfelt
1 Gewürzgurke, fein gewürfelt
80 g Mayonnaise
80 g Joghurt
1 Schuss Gurkenwasser
½ TL Salz
Pfeffer
½ Bund Petersilie, gehackt

Kartoffeln, Apfel und Gurke mischen. Mayonnaise, Joghurt, Gurkenwasser und Salz zu einer Sauce verrühren, nach Geschmack mit Pfeffer würzen und unter den Salat rühren. Einige Stunden durchziehen lassen und eventuell nachwürzen. Mit frischer Petersilie bestreuen.

Chicorée-Grapefruit-Salat

2 Chicorée
1 rosa Grapefruit,
geschält und
in kleine Stücke geschnitten
150 g Joghurt
1 EL Zitronensaft
1 TL Honig
2 EL Cashewnüsse

4 – 6 große Chicorée-Blätter abtrennen und beiseite legen. Den restlichen Chicorée klein schneiden und mit den Grapefruitstücken mischen. Joghurt mit Zitronensaft und Honig verrühren, unter den Salat heben und in eine kleine Salatschüssel geben. Die großen Chicorée-Blätter ringsherum um den Rand stecken und das Ganze mit den Cashewnüssen bestreuen.

Saftiger Möhren-Salat

250 g Möhren, fein geraspelt
1 säuerlicher Apfel, fein geraspelt
3 EL Haselnüsse, gerieben
Saft einer halben Zitrone
2 EL Öl
1 EL Honig
½ TL Meerrettich, gerieben

Möhren, Äpfel und Haselnüsse vermischen und mit dem Zitronensaft beträufeln. Aus Öl, Honig und Meerrettich eine Marinade herstellen und den Salat darin gut durchziehen lassen.

Insalata Caprese

1 frischer Mozzarella,
   in Scheiben geschnitten
2 große Fleischtomaten,
   in Scheiben geschnitten
1 Handvoll Basilikumblätter
2 EL Olivenöl
1 EL Balsamessig
1 TL Basilikum in Öl
Kräutersalz
Pfeffer, grob gemahlen
Vollkornbrot mit Butter

Auf einem großen Teller Tomaten-
und Mozzarellascheiben abwech-
selnd aneinanderreihen und mit den
Basilikumblättchen garnieren. Olivenöl, Balsamessig und Basilikum in
Öl mischen und Tomaten und Käse
damit beträufeln. Mit Kräutersalz
und Pfeffer bestreuen und etwas
durchziehen lassen. Mit Butterbrot
servieren.

Selleriesalat mit Hüttenkäse und Amaranth

½ Tasse Amaranth
1½ Tassen Wasser
100 g Hüttenkäse
1 TL Honig
2 EL Zitronensaft
200 g Staudensellerie,
   in feine Scheiben geschnitten
50 g frische Champignons,
   dünnblättrig geschnitten
2 Tomaten, sehr fein gewürfelt
Salz
Pfeffer

Amaranth in Wasser 20 Minuten
oder nach Packungsvorschrift quellen lassen. Mit Hüttenkäse, Honig
und Zitronensaft mischen. Sellerie,
Champignons und Tomaten unterziehen und mit Salz und Pfeffer
abschmecken.

Suppen

Sahnige Linsensuppe

50 g Linsen
500 ml Gemüsebrühe
2 EL Zitronensaft
50 g süße Sahne
4 EL frische Kräuter, fein gehackt
Salz
Pfeffer

Linsen in der Brühe und dem Zitronensaft etwa 45 Minuten weich garen. Sahne und Kräuter untermischen und mit Salz und Pfeffer abschmecken.

Kerbelsuppe

Diese mild-würzige Suppe ist für die Stillzeit genau das Richtige, denn Kerbel regt die Milchbildung an.

1 Bund frischer Kerbel
1 EL Butter oder Margarine
500 ml Gemüsebrühe
2 Kartoffeln, geschält und gewürfelt
100 ml süße Sahne
Kräutersalz
Pfeffer

Die Kerbelblätter von den Stielen zupfen und beiseite legen. Die Stiele klein schneiden und im Fett andünsten. Gemüsebrühe und Kartoffeln zugeben und etwa 15 Minuten kochen lassen. In der Zwischenzeit die Kerbelblätter fein wiegen (einige Blättchen zur Seite legen) und die Hälfte der Sahne schlagen. Die Suppe von der Kochstelle nehmen und mit dem Pürierstab pürieren. Den Rest der Sahne und die Kräuter unterrühren. Mit Kräutersalz und Pfeffer abschmecken. Nicht mehr kochen! Vor dem Servieren auf jede Portion eine Sahnehaube setzen und mit den zurückgelegten Kerbelblättchen garnieren.

Spinatsuppe mit Reis und Orangenscheiben

4 EL Vollkornreis
500 ml Gemüsebrühe
150 g Spinat
125 ml Milch
Salz
Pfeffer
Muskatnuss, gerieben
150 g saure Sahne
1 kleine Orange,
   geschält und
   in dünne Scheiben geschnitten

Reis in der Gemüsebrühe bei geringer Hitze 30 Minuten quellen lassen. Den gewaschenen und geputzten Spinat, Milch und Gewürze dazugeben und noch einmal zugedeckt 10 Minuten kochen lassen. Im Mixer oder mit dem Pürierstab pürieren. Die Hälfte der sauren Sahne in die Suppe geben und das Ganze noch einmal aufkochen lassen. Die fertige Suppe mit den Orangenscheiben und der restlichen sauren Sahne garnieren.

Kürbissuppe

Eine leckere Herbst- oder Wintersuppe, die Leib und Seele wärmt.

500 g Kürbisfleisch
1 TL Gemüsebrühextrakt
Salz
Pfeffer
1 Prise Vollrohrzucker
2 EL Butter
2 EL Kürbiskerne
½ Bund Petersilie

Kürbis grob in Stücke schneiden und in leicht gesalzenem Wasser etwa 20 Minuten leise köcheln lassen. Auf einem Sieb abtropfen lassen und das Kochwasser auffangen. Kürbisstücke im Mixer oder mit dem Pürierstab pürieren und zurück in den Kochtopf geben. So viel Kochwasser unterrühren, dass die Suppe eine cremige Konsistenz bekommt. Mit Gemüsebrühextrakt, Salz, Pfeffer und Zucker abschmecken. Kurz vor dem Servieren Butter einrühren und die Suppe mit Kürbiskernen und Petersilie bestreuen.

Kalte Avocadosuppe

Eine herrliche, gesunde Erfrischung
an einem heißen Sommertag!

1 reife Avocado
2 EL Zitronensaft
1 TL Basilikum in Öl
500 ml Buttermilch
½ TL Meerrettich
Salz
Pfeffer
2 kleine Tomaten,
  in Scheiben geschnitten
einige frische Basilikumblätter

Avocado mit Zitronensaft, Basilikum in Öl und Buttermilch im Mixer oder mit dem Pürierstab pürieren. Mit Meerrettich, Salz und Pfeffer abschmecken und mit den Tomatenscheiben und Basilikumblättern garnieren.

Maiscremesuppe

400 g Zuckermaiskörner,
  gegart und vom Kolben gelöst
1 EL Butter
1 EL Weizenvollkornmehl
500 ml Gemüsebrühe
½ rote Paprika, gewürfelt
½ grüne Paprika, gewürfelt
Salz
Pfeffer
Curry
1 TL Zitronensaft
100 ml süße Sahne

Maiskörner im Mixer oder mit dem Pürierstab pürieren. Butter mit Mehl anschwitzen und mit der Gemüsebrühe ablöschen. Paprika und Maispüree zugeben und etwa 5 Minuten kochen lassen. Mit Salz, Pfeffer, Curry und Zitronensaft abschmecken. Zum Schluss die Sahne unterrühren.

Hauptgerichte

Hafer-Spinat-Bratlinge

100 ml Milch
200 g Hafer, grob geschrotet
150 g Spinat
1 EL Olivenöl
1 Ei
2 EL Quark
Salz
Pfeffer
Öl zum Braten

Hafer in heiße Milch einrühren und ausquellen lassen. Spinat im Öl andünsten und zusammenfallen lassen. Ei trennen. Eigelb mit Quark verrühren und zusammen mit dem Spinat unter die Hafermasse rühren. Eiweiß sehr steif schlagen und vorsichtig unterziehen. Mit Salz und Pfeffer würzen und in heißem Öl löffelweise ausbraten.

Spinat-Makkaroni mit Nüssen und Samen

250 g Vollkornmakkaroni
300 g Spinat
2 EL Olivenöl
100 ml süße Sahne
1 EL Walnüsse, grob gehackt
1 EL Haselnüsse, grob gehackt
1 EL Sonnenblumenkerne
1 EL Kürbiskerne
Salz
Pfeffer

Makkaroni in reichlich Salzwasser bissfest kochen. Spinat im heißen Öl andünsten und zusammenfallen lassen. Sahne zugeben, 5 Minuten köcheln lassen und mit Nudeln, Nüssen und Samen vermischen. Mit Salz und Pfeffer abschmecken.

Bunte Hirsepfanne

150 g Hirse
250 ml Gemüsebrühe
2 EL Öl
150 g Möhren,
 in Scheiben geschnitten
200 g Salatgurke, gewürfelt
½ rote Paprika,
 klein geschnitten
100 g Tofu, gewürfelt
Salz
Pfeffer
150 g saure Sahne
1 Bund Dill oder Fenchelgrün

Hirse in der Gemüsebrühe etwa
20 Minuten leise köcheln lassen.
Gemüse und Tofu im Öl etwa
10 Minuten dünsten, mit der Hirse
mischen und mit Salz und Pfeffer
abschmecken. Sahne und Kräuter
verrühren und beide Portionen mit
einem großen Klecks Kräutersahne
verzieren.

Ananas-Linsen-Gericht

Das leckere Linsengericht schmeckt
auch kalt als Salat oder Bestandteil
eines Vollwert-Buffets.

50 g Linsen
50 g Vollkornreis
250 ml Gemüsebrühe
1 TL Curry
1 EL Öl
300 g frische Ananas,
 in Stücke geschnitten
etwas Wasser
2 EL Petersilie, fein gehackt

Linsen und Reis in der Gemüsebrühe etwa 40 Minuten garen (eventuell
noch etwas Wasser nachgießen).
Curry und Ananas im Öl anrösten,
etwas Wasser angießen und unter
häufigem Umrühren einige Minuten
kochen lassen. Linsen-Reis-Mi-
schung mit der Ananas verrühren
und mit der Petersilie bestreuen.

Fenchel mit Orangensauce

Fenchel ist das ideale Gemüse für die Stillzeit, da es Magen und Darm beruhigt und gegen Blähungen wirkt. Aber keine Angst, Fenchelgerichte sind nicht bloß Stilltee in fester Form. Sie werden erstaunt sein, welche Geschmacksvarianten die heilsame Mittelmeerknolle hergibt, wenn sie mit ein wenig Phantasie verarbeitet wird.

2 Fenchelknollen, halbiert
2 EL Butter
1 TL Weizenvollkornmehl
50 ml Orangensaft, frisch gepresst
abgeriebene Schale einer
*   unbehandelten Orange*
2 EL Petersilie, fein gehackt

Fenchel in kochendem Salzwasser etwa eine Viertelstunde garen und anschließend abtropfen lassen. Butter schmelzen, Mehl einrühren und Orangensaft zugießen, kurz aufkochen und andicken lassen. Orangenschale unterrühren. Sauce über den Fenchel gießen und mit Petersilie bestreuen. Dazu passt frisches Kartoffelpüree.

Fenchel-Tofu-Pfanne

2 Orangen, geschält und
*   quer in Scheiben geschnitten*
Saft einer kleinen Orange
1 TL Fenchelsamen
125 g geräucherter Tofu,
*   grob gewürfelt*
1 Fenchelknolle, grob gewürfelt
2 EL Olivenöl
2 EL schwarze Oliven
Salz
Pfeffer
50 g junger Gouda,
*   in feine Streifen geschnitten*

Orangenscheiben, Orangensaft, Fenchelsamen und Tofu mischen und mindestens eine Stunde durchziehen lassen. Tofu herausnehmen, mit dem gewürfelten Fenchel im Öl von allen Seiten anbraten. Orangenmischung und Oliven hinzufügen, mit Salz und Pfeffer würzen und einige Minuten köcheln lassen. Käse darüber streuen, Pfanne zudecken und weitere 10 Minuten dünsten.

Quinoa-Möhren-Soufflé

300 g Möhren, grob geraspelt
2 EL Butter oder Margarine
1 Tasse Quinoa
2 ½ Tassen Gemüsebrühe
2 Eier
50 g Emmentaler oder Parmesan,
*   frisch gerieben*

Möhren in der Butter oder Margarine andünsten, Quinoa dazugeben und kurz mitdünsten. Gemüsebrühe zugießen, bei geringer Hitze 15 Minuten leise köcheln und anschließend abkühlen lassen. Eier trennen und das Eigelb zusammen mit dem Käse in die Möhren-Quinoa-Masse rühren. Eiweiß sehr steif schlagen und vorsichtig unterziehen. In einer Auflaufform bei 180 – 200° C etwa 20 Minuten backen. Dazu schmeckt ein frischer Rapunzel-Salat (siehe Seite 108).

Möhren-Lasagne

400 g Möhren
4 Lasagneblätter (ohne Vorkochen)
1 EL Butter oder Margarine
2 EL Weizenvollkornmehl
1 Tasse Gemüsebrühe
½ Tasse Milch
50 g Emmentaler, frisch gerieben
2 EL mittelscharfer Senf
etwas Zitronensaft
Salz
Pfeffer

Die Möhren längs halbieren und in etwa drei bis vier Zentimeter lange Stücke schneiden. In Salzwasser 3 Minuten kochen, abtropfen lassen. Lasagneblätter nach der Packungsanweisung vorkochen. Butter oder Margarine erhitzen, Mehl dazugeben und andünsten. Brühe und Milch zugießen und einmal aufkochen lassen. Käse und Senf unterrühren. Die Sauce mit Zitronensaft, Salz und Pfeffer abschmecken. Zwei Lasagneblätter in eine breite, gefettete Auflaufform legen. Die Hälfte der Möhren darauf verteilen und mit der Hälfte der Sauce bedecken. In der gleichen Reihenfolge noch einmal jeweils eine Schicht darübergeben. Bei 180 – 200° C etwa 30 Minuten backen.

Erbsen-Nudel-Soufflé

50 g feine Vollkorn-Suppennudeln
2 EL Butter oder Margarine
1 EL Weizenvollkornmehl
125 ml Milch
50 ml süße Sahne
150 g Erbsen
½ Bund Petersilie, fein gehackt
½ TL Kräutersalz
Pfeffer
1 Messerspitze Koriander, gemahlen
2 Eier
100 g Greyerzer, frisch gerieben

Nudeln in reichlich Salzwasser bissfest garen. Butter oder Margarine zerlassen, Mehl darin anschwitzen, Milch unterrühren und aufkochen lassen. Abgetropfte Nudeln, Sahne, Erbsen und Petersilie untermischen. Mit Kräutersalz, Pfeffer und Koriander würzen. Eier trennen. Eigelb und Käse unterrühren. Eiweiß sehr steif schlagen und vorsichtig unter die Masse heben. In eine gefettete Auflaufform geben und bei 180 – 200° C etwa 35 Minuten backen.

Brokkoli-Soufflé

250 g Brokkoli
¾ Tasse Gemüsebrühe
1 EL Butter oder Margarine
1 TL Weizenvollkornmehl
60 ml Milch
2 Eier
50 g mittelalter Gouda, geraspelt
Kräutersalz
Pfeffer
Muskat

Brokkoliröschen abtrennen und in eine gefettete Auflaufform legen. Die Brokkolistiele schälen, klein schneiden und in der Brühe etwa 10 Minuten weichkochen lassen. Mit dem Pürierstab pürieren. Butter oder Margarine erhitzen, Mehl darin anschwitzen, Milch zugießen und noch einmal kurz aufkochen lassen. Eier trennen. Eigelb mit dem Brokkolipüree und dem Gouda verrühren, mit Kräutersalz, Pfeffer und Muskat abschmecken. Eiweiß sehr steif schlagen, vorsichtig unter die Masse heben. Brokkoliröschen damit bedecken. Bei 180° C etwa 40 Minuten backen. Sofort servieren.

Rote-Bete-Nudelgratin

200 g Vollkornnudeln
400 g Rote Bete,
  geschält und grob geraspelt
100 ml süße Sahne
Salz
Pfeffer
½ TL Kümmel, ganz
½ TL Koriander, ganz
½ TL getrockneter Majoran
50 g Emmentaler, frisch gerieben

Nudeln in reichlich Salzwasser bissfest garen. Rote Bete in der Sahne
aufkochen und 5 Minuten bei geringer Hitze garen lassen. Mit Salz,
Pfeffer, Kümmel, Koriander und
Majoran würzen. Mit den Nudeln
mischen und in eine gefettete Auflaufform geben. Mit Käse bestreuen
und bei 180 – 200° C etwa 40 Minuten goldbraun backen.

Spaghetti mit Salbei

Dieses Gericht sollten Sie kochen,
wenn Sie abstillen möchten, denn
Salbei hilft, den Milchfluss zu vermindern.

300 g Vollkornspaghetti
50 g Butter
½ Tasse frische Salbeiblätter,
  in feine Streifen geschnitten
100 g Parmesan, frisch gerieben

Die Spaghetti in reichlich Salzwasser
bissfest kochen. Butter nicht zu
stark erhitzen, Salbei hinzufügen
und kurz dünsten. Die Buttersauce
unter die Spaghetti mischen. Mit
frischem Parmesan bestreuen.

Desserts

Hirse-Himbeer-Brei

100 g Hirse
200 ml Wasser
4 EL Quark
2 EL Honig
2 EL Zitronensaft
100 ml süße Sahne
200 g Himbeeren

Hirse im Wasser etwa 15 – 20 Minuten leise köcheln lassen. Mit Quark, Honig und Zitronensaft verrühren. Sahne aufschlagen, mit den Himbeeren mischen und unter die Hirse ziehen.

Gebackene Grapefruits

Einfach, schnell und superlecker!

2 rosa Grapefruits
300 g saure Sahne
2 EL Honig

Grapefruits halbieren, Fruchtfleisch herausschneiden und zerkleinern. Mit Sahne und Honig mischen und wieder in die Grapefruithälften füllen. Im Backofen bei 180 – 200° C etwa 15 – 20 Minuten backen.

Milchreis mit Trockenfrüchten

100 g gemischtes, ungeschwefeltes
    Trockenobst, klein geschnitten
50 ml Orangensaft, frisch gepresst
100 g Vollkornreis (Rundkorn)
100 ml Wasser
100 ml Milch
2 EL Honig
½ TL Vanillemark
½ TL Zimt
100 ml süße Sahne

Trockenobst im Orangensaft einweichen. Reis im Wasser leise köcheln lassen, bis er das Wasser aufgesogen hat. Milch zugießen und weiter ausquellen lassen. Mit Honig, Vanille und Zimt abschmecken. Sahne aufschlagen, mit dem Trockenobst mischen und unter den Milchreis ziehen.

Bratäpfel

2 große säuerliche Äpfel
(z. B. Boskop oder Ingrid Marie)
2 TL Rosinen
2 TL Nüsse oder Mandeln
2 TL Honig
1 TL Butter

Aus den Äpfeln die Kerngehäuse ausstechen. Mit Rosinen, Nüssen oder Mandeln und Honig füllen. Zum Schluss jeweils ½ TL Butter aufsetzen. In einer gefetteten feuerfesten Schale bei 180 – 200° C etwa 50 Minuten backen.

Apfelplinsen

125 g Weizenvollkornmehl
1 TL Backpulver
125 ml Milch
½ TL Salz
1 TL Honig
½ TL Zimt
250 g Äpfel, grob geraspelt
Öl zum Ausbacken

Mehl und Backpulver vermischen, mit Milch, Salz, Honig und Zimt verrühren. Äpfel unterheben und den Teig in reichlich Öl goldbraun ausbacken. Mit Ahornsirup oder Kompott servieren.

Lecker-lockerer Beerenauflauf

2 altbackene Vollkornbrötchen
(ohne ganze Körner)
125 ml warme Milch
2 Eier
2 EL Ahornsirup
50 g Mandeln, gemahlen
2 EL weiche Butter oder Margarine
125 g Himbeeren oder schwarze Johannisbeeren

Die Brötchen in der Milch einweichen. Ei trennen. Eigelb, Sirup, Mandeln und Butter oder Margarine mit den Brötchen verrühren. Eiweiß sehr steif schlagen. Gemeinsam mit den Beeren vorsichtig unter den weichen Teig heben. In eine gefettete Auflaufform geben und bei 180 – 200° C etwa 30 Minuten backen.

Süße Köstlichkeiten

Supergesunder Rohkost-Kuchen

Am besten schmeckt der Rohkost-Kuchen, wenn er einen Tag durchziehen kann. Gönnen Sie sich dazu einen ordentlichen Klacks Schlagsahne.

1 Tasse getrocknete Datteln
1 Tasse getrocknete Feigen
1 Tasse Rosinen
500 g Möhren
1 Tasse Haselnüsse oder Mandeln, gemahlen
1 Tasse Haferflocken
1 Tasse Tahin (Sesammus)
1 Vanilleschote
etwas Zimt
2 EL Mohn oder Kokosraspeln

Trockenfrüchte etwa zwei Stunden in Wasser einweichen, anschließend im Mixer oder mit dem Pürierstab fein pürieren. Möhren ganz fein raspeln und mit den anderen Zutaten (außer Mohn oder Kokosraspeln) verkneten. Ist die Masse zu fest, noch etwas von dem Einweichwasser der Trockenfrüchte dazugeben. Zu einem Kuchen formen. Mit Mohn oder Kokosraspeln verzieren. Einige Stunden in den Kühlschrank stellen.

Haferflocken-Plätzchen

3 EL Butter oder Margarine
4 EL Vollrohrzucker
1 Eiweiß
5 EL Möhren, fein gerieben
5 EL Korinthen
8 EL Weizenvollkornmehl
1 TL Backpulver
1 Messerspitze Kardamom, gemahlen
1 Messerspitze Zimt, gemahlen
1 Messerspitze Nelken, gemahlen
8 EL Haferflocken
4 EL Buttermilch
1 Tasse Haferflocken als »Panade«

Butter oder Margarine mit dem Zucker schaumig rühren, Eiweiß zugeben und cremig schlagen. Mit Möhren, Korinthen, Mehl, Backpulver und Gewürzen mischen. Zuletzt Haferflocken und Buttermilch unterrühren. Mit einem Esslöffel kleine Portionen abstechen und in den Haferflocken wälzen. Auf ein gefettetes Backblech setzen, mit einer Gabel glattdrücken und bei 160 – 180° C etwa 15 Minuten backen.

Das vegetarische Baby

Bislang haben wir uns indirekt mit der Ernährung des vegetarischen Babys über seine Mutter befasst. Nun ist es an der Zeit, uns das erste Lebensjahr aus seiner Perspektive anzusehen.

Essen und schlafen sind am Anfang seine Hauptbeschäftigungen. Kein Wunder, denn wegen des enormen Wachstums hat es einen riesigen Energiebedarf: Im ersten Halbjahr verdoppelt es in der Regel sein Geburtsgewicht, und am Ende des ersten Lebensjahres wiegt es dreimal so viel wie bei seiner Geburt. Hungrig fiepsend reckt es uns vom ersten Augenblick an den offenen Schnabel entgegen, und uns stellt sich die Frage: Was geben wir ihm zu essen? Womit ermöglichen wir ihm den besten Start?

Essgewohnheiten entstehen früh

Viele der im Eingangskapitel zitierten Ergebnisse wissenschaftlicher Forschungsarbeiten sprechen dafür, dass eine vollwertig ausgewogene lakto-ovo-vegetabile Kost nicht nur für Kinder bestens geeignet, sondern auch auf lange Sicht die gesündeste Ernährungsweise ist. Wir wollen die vielen Vorteile hier nicht wiederholen, sondern nur einen Aspekt besonders hervorheben: Essgewohnheiten entwickeln sich erstaunlich früh. Zahlreiche Untersuchungen haben ergeben, dass die Ernährung in den ersten Jahren einen deutlichen Einfluss auf das Essverhalten und den Gesundheitszustand späterer Jahre hat. Wir alle kennen dies aus eigener Erfahrung: Geschmackserinnerungen aus der Kindheit begleiten uns durchs ganze Leben. Gerade deshalb ist es so wichtig, die Weichen von Anfang an richtig zu stellen und unser Baby schon früh mit einer möglichst gesunden Kost vertraut zu machen. In dem hier behandelten Zeitraum ist das recht einfach. Während des ersten Lebensjahrs unseres Babys entscheiden wir noch voll und ganz darüber, was es zu essen bekommt, können seine Ernährung also bewusst steuern. Eltern, die selbst vegetarisch essen, können sich meist nicht vorstellen, ihrem Kind Fleisch zu geben. Das ist völlig in Ordnung, ja sogar vorteilhaft. Wenn Sie seine Nahrungsmittel mit Beginn der Beikost sorgfältig zusammenstellen und vor allem auf ausreichende Eisenquellen in Verbindung mit Vitamin-C-haltigen Säften, Früchten und Gemüsen achten, versorgen Sie es spielend mit allem, was es braucht, ohne es mit den in Fleisch und Fleischprodukten häufiger enthaltenen schädlichen Inhaltsstoffen zu belasten.

Je älter es wird, desto stärker wird Ihr Kind selbst entscheiden wollen, was es isst. Bei Einladungen, Geburtstagsfeiern, im Kindergarten und später in der Schule gerät es außerdem zunehmend unter den Druck gleichaltriger Kinder, für die der Verzehr von Fleisch selbstverständlich ist. Vegetarischen Eltern steht deshalb eine Gratwanderung bevor. Strenge Vorschriften lassen das Verbotene meist nur um so begehrenswerter erscheinen. Außerdem sollten wir unsere Kinder vor Loyalitätskonflikten und einem Status als Außenseiter tunlichst bewahren. Wahrscheinlich ist es am sinnvollsten, zu Hause auch weiterhin eine ausschließlich lakto-ovo-vegetabile Kost anzubieten, es dem Kind aber ohne großes emotionales Tamtam freizustellen, anderswo Fleisch und Fisch auszuprobieren. Manche Kinder bekennen sich auch außer Haus selbstbewusst zu einer klaren vegetarischen Linie, andere finden Gefallen daran, zumindest eine Zeitlang in fremden Fleischtöpfen zu wildern und sich als Teilzeitvegetarier durchzuwursteln. Ob sie sich später einmal ganz für den Vegetarismus entscheiden oder in Maßen auch Fleisch essen, müssen sie ohnehin selbst entscheiden – immerhin können wir ihnen die Erfahrung mit ins Leben geben, dass fleischlose Kost sehr lecker ist, und sie mit einer möglichst großen Bandbreite gesunder Lebensmittel so vertraut machen, dass sie später in der einen oder anderen Form immer wieder darauf zurückgreifen können.

Dogmatismus und missionarischer Eifer dagegen bewirken nur das Gegenteil. Gehen wir also die vegetarische Ernährung unserer Kinder, wie alle Erziehungsfragen, gelassen und tolerant an, ohne freilich selbst von unserem Kurs abzuweichen.

All diese Fragen können wir getrost noch ein wenig verschieben, wenn wir uns jetzt mit dem ersten Lebensjahr unseres vegetarischen Babys befassen. Damit der Start auch glückt, hat die Natur es uns besonders leicht gemacht: Sie hat uns ein Nahrungsmittel mitgegeben, das allen Anforderungen an die Ernährung Neugeborener hundertprozentig entspricht: die Muttermilch.

Erste Sahne: die Muttermilch

In den ersten Lebensmonaten ist die Muttermilch für den Säugling das Allerbeste. In ihrer Zusammensetzung ist sie seinem Bedarf an Energie, Wasser und Nährstoffen optimal angepasst. Außerdem ist sie ganz auf die Verdauung, den Stoffwechsel und die Ausscheidung des Säuglings abgestimmt und versorgt ihn mit einem umfassenden Infektionsschutz. Anders als industriell oder selbst angefertigte Säuglingsnahrung enthält sie nicht nur alle wichtigen Nährstoffe – sie bietet sie auch in einer Form an, die vom kindlichen Verdauungstrakt optimal ausgenutzt werden kann.

In ihrer Zusammensetzung passt sich die Muttermilch über die Monate flexibel den Nährstoffbedürfnissen des wachsenden Säuglings an. So hat die in den ersten Tagen nach der Geburt gebildete Vormilch besonders viel Eiweiß sowie Mineral- und Abwehrstoffe, die das Neugeborene auch dann ausreichend versorgen, wenn es nur winzige Mengen trinkt. Zwischen dem vierten und zehnten Tag kommt dann die sogenannte Übergangsmilch und erst dann die reife Muttermilch, die in den nächsten vier bis sechs Monaten als alleinige Säuglingsnahrung sämtliche Bedürfnisse des Babys erfüllt.

Aber auch innerhalb einer Stillmahlzeit ändert sich die Zusammensetzung der Muttermilch. Zum Anfang ist die Milch dünner und enthält nur ein Prozent Fett, später steigt der Fettgehalt immer mehr an, bis er am Ende der Mahlzeit etwa sechs bis zehn Prozent beträgt. Auf diese Weise wird anfänglich der Durst gelöscht und später das Kind gesättigt.

Schutz vor Infektionen und Allergien

Durch die enthaltenen Immunglobuline schützt die Muttermilch das Neugeborene vor Infektionen. Aber auch der Allergieschutz der Muttermilch ist von enormer Bedeutung. Im Vergleich zur Kuhmilch liegt dies vor allem am Fehlen des Beta-Lactoglobulins in der Muttermilch. Neben den Caseinen ist dieses Kuhmilchprotein nämlich der vorrangig allergieauslösende Stoff in der Kuhmilch. Säuglinge, die sich schon früh mit diesem körperfremden Protein auseinandersetzen müssen, zeigen häufig Symptome einer Kuhlmilchprotein-Intoleranz. Untrügliche Hinweise auf eine Unverträglichkeit des tierischen Milcheiweißes sind Milchschorf, Ekzeme und Hautausschläge.

Für das rasche Wachstum des Säuglings ist der hohe Gehalt an schnell verwertbarer Energie in Form von Milchzucker (Lactose) in der Muttermilch wichtig. Muttermilch enthält einerseits in etwa den gleichen Fettanteil wie Kuhmilch, ist aber andererseits wesentlich reicher an den wertvolleren ungesättigten Fettsäuren, vor allem Linolsäure, die für die Entwicklung des kindlichen Nervensystems bedeutsam ist.

Weitere Vorteile der Muttermilch

Erste Präferenz für die Ernährung in den ersten Lebensmonaten hat angesichts all dieser Vorteile also eindeutig die Muttermilch. Im vorigen Kapitel (ab Seite 80) sind wir ausführlich auf Stolpersteine und Problemlösungen bei der Entwicklung einer harmonischen Stillbeziehung eingegangen. Sobald Sie und Ihr Baby erst einmal Ihren ganz persönlichen Stillrhythmus gefunden haben, ist das Stillen viel einfacher und praktischer als die Ernährung mit dem Fläschchen: Die Muttermilch ist stets dabei, hat immer die richtige Temperatur und ist außerdem hübsch und hygienisch verpackt. Sie brauchen nichts zu sterilisieren, anzurühren, anzuwärmen, aufzuschütteln, und Sie brauchen sich auch über die richtige Menge keine Sorgen zu machen. Ihr Baby trinkt so viel es mag, und Ihr Körper reagiert darauf mit dem passenden Nahrungsangebot. Es kann kein Überfüttern und damit auch keine Überernährung geben. Gestillte Babys entwickeln eine natürliche Beziehung zum Essen und legen eine gesunde Anzahl von Fettzellen an, so dass sie im späteren Leben seltener zu Übergewicht neigen.

Muttermilch aufheben

Wenn Sie, z. B. aufgrund Ihrer Berufstätigkeit, nach einer Weile nicht mehr zu allen Stillmahlzeiten anwesend sind und mit dem Abpumpen gut zurechtkommen, kann Ihr Baby auch von einer anderen Person mit Muttermilch gefüttert werden. In einem sauberen, abgekochten Gefäß lässt sich die abgepumpte Milch für den gleichen Tag im Kühlschrank aufbewahren (bis zu 24 Stunden). Wollen Sie die Milch länger aufheben, können Sie sie tiefgefrieren (bis zu drei Monate). Aufgetaute Milch müssen Sie innerhalb von zwölf Stunden verbrauchen und dürfen sie nicht wieder einfrieren. Wichtig ist, sie langsam und schonend im kalten Wasserbad aufzutauen. Genauso wie die im Kühlschrank aufbewahrte Muttermilch wird sie dann – wiederum im Wasserbad oder im Fläschchenwärmer – auf etwa 37° C angewärmt. Dies kontrollieren Sie am besten mit einem Kochthermometer (im Haushaltswarengeschäft erhältlich). Manche Eltern sind nach einer Weile so versiert, dass der einfache Handrückentest (einen Tropfen Milch auf den Handrücken geben, versonnen zur Decke schauen, nicken oder mit dem Kopf schütteln) völlig ausreicht. Damit das Saugen an der Flasche im Vergleich zur Brust nicht allzu einfach geht, sollten Sie einen Sauger mit möglichst kleinem Loch (Teesauger) wählen.

Und was ist mit der Schadstoffbelastung?

Die Belastung mit Umweltgiften hat die Muttermilch in der Vergangenheit in Verruf gebracht. Vor allem in den siebziger Jahren machten Funde von

DDT und anderen Schadstoffen in der Muttermilch Schlagzeilen. Es geht dabei um chemische Substanzen, die als Dünger oder Schädlingsbekämpfungsmittel auf Feldern und Weiden, als Beizmittel für Saatgut oder als Imprägnierstoffe und Plastikweichmacher in der Industrie zum Einsatz kommen und sich im Fettgewebe des Schlusslichts der Nahrungskette, also im Menschen, anreichern. Es handelt sich zum einen um chlorierte Kohlenwasserstoffverbindungen wie DDT, HCH (Lindan), HCB, Heptachlor und Aldrin, zum anderen um polychlorierte Biphenyle (PCB), Dioxine und Phorane. All diese Stoffe kommen natürlicherweise nicht in der Nahrung vor, sind außerordentlich langlebig und werden jahrelang gespeichert. DDT z. B. wurde in Deutschland von 1942 bis 1972 als Insektizid gespritzt (inzwischen ist es verboten), von Kühen mit dem Futter aufgenommen und über Milch und Fleisch an den Menschen weitergegeben. Da der menschliche Körper solche Schadstoffe im Fettgewebe ablagert und Mütter während der Stillzeit ihre Fettreserven abbauen, gelangen die Gifte in die Muttermilch. Dort sind sie um ein Vielfaches höher konzentriert als z. B. in Kuhmilch, weil Menschen längere Speicherzeiten haben, bis sich der erste Nachwuchs einstellt. In den siebziger und achtziger Jahren wurde mit Hinweis auf die Schadstoffbelastung teilweise vom Stillen abgeraten oder die empfohlene Stillzeit stark begrenzt. Inzwischen soll die Belastung der Muttermilch insgesamt zurückgegangen sein. Außerdem sind sich alle Expertinnen und Experten einig, dass der nachweisliche Nutzen des Stillens für das Baby in den ersten Lebensmonaten uneingeschränkt höher einzuschätzen ist als die Risiken aus der Zufuhr der genannten Schadstoffe.

Wie stark Ihre Muttermilch belastet ist, hängt natürlich auch von äußeren Umständen ab, z. B. davon, ob Sie an Ihrem Arbeitsplatz Kontakt mit Chemikalien hatten (Lacken, Abbeizmitteln, Pflanzenschutzmitteln, chemischen Reinigungsmitteln u. ä.) oder durch den Schadstoffausstoß von Fabriken, Müllverbrennungsanlagen oder starkem Autoverkehr in Ihrer Nachbarschaft in Mitleidenschaft gezogen worden sind. Wenn Sie den begründeten Verdacht haben, dass Ihre Muttermilch besonders belastet sein könnte, sollten Sie über Ihr zuständiges Gesundheitsamt eine Untersuchung durchführen lassen.

Der große Vorteil vegetarischer Mütter

Vegetarische Mütter haben im Hinblick auf den Schadstoffgehalt der Muttermilch allerdings einen sehr großen Vorteil: Weil die Nahrungskette Pflanze-Tier-Mensch, in der sich die Schadstoffe immer mehr anreichern, bei ihnen um ein wichtiges Glied – nämlich das Tier – verkürzt ist und die fraglichen Stoffe in erster Linie über tierische Fette weitergegeben werden, weist die Muttermilch von Vegetarierinnen im Durchschnitt deutlich geringere Schadstoffwerte auf. Dies ist auch durchaus verständlich, weil Milchprodukte nur 40, pflanzliche Öle und Fette sowie Blattgemüse nur 14, Früchte und Hülsenfrüchte nur 12,5 und Getreide nur 4,2 % der in Fisch und Fleisch angereicherten Pestizidrückstände enthalten. Außer diesen Rückständen isst man bekanntlich mit jedem Stück Fleisch zusätzlich Reste der in der Massentierhaltung eingesetzten sogenannten Masthilfsmittel mit, also Medikamente wie Antibiotika, Wachstumshormone und Psychopharmaka. Dies alles vermeiden Sie, wenn Sie auf Fisch und Fleisch verzichten. Leitzmann und Hahn berichten:»In der Milch vegetarisch ernährter Frauen wurden geringere Gehalte an Umweltgiften wie Dieldrin und Hexachlorbenzol gefunden als in der Milch von Mischköstlerinnen. Dies ist vermutlich auf das Meiden von fetthaltigen, tierischen Nahrungsmitteln (v. a. Fleisch und Innereien) zurückzuführen, da Tiere aufgrund ihrer Stellung in den Nahrungsketten höhere Mengen an chlorierten Kohlenwasserstoffen akkumulieren als Pflanzen« und kommen zu dem Schluss:»Eine langjährige vegetarische Ernährung vor der Schwangerschaft kann zu geringeren Schadstoffwerten in der Muttermilch beitragen.«

Gesellschaftliche Konsequenzen

Wieder einmal können wir uns also darüber freuen, mit unserer Entscheidung, keine toten Tiere zu essen, für uns und unser Baby genau das Richtige getan zu haben. Dabei sollten wir aber nicht vergessen, dass Schadstoffe in der Muttermilch an sich eine Ungeheuerlichkeit sind. Gerade als werdende und frischgebackene Eltern haben wir allen Grund, uns auf sämtlichen Ebenen für einen konsequenten Schutz unserer Umwelt einzusetzen! Gleichzeitig liefert uns die Schadstoffdiskussion weitere Argumente dafür, Produkte aus kontrolliert biologischem Anbau zu kaufen und die Giftspritze auch aus dem eigenen Garten zu verbannen. Indem wir durch unser Einkaufsverhalten Biobauern und -gärtnerinnen unterstützen und unseren Gartennachbarinnen und Gartennachbarn durch den Anblick eines kunterbunt-naturnahen Gartens signalisieren, dass auch auf sanftem Wege eine ansehnliche und vor allem leckere Ernte zu erzielen ist, leisten wir ebenfalls einen kleinen Beitrag für die eigene Gesundheit und die Gesundung unserer Erde.

Wie lange stillen?

Auf diese Frage gibt es keine allgemeingültige Antwort. Lassen Sie sich nicht von rigiden Ernährungsplänen und schon gar nicht von den Angaben der Babykost-Hersteller auf Gläschen und Breipackungen unter Druck setzen. Jedes Baby, jede Mutter, jede Familie ist anders, und mit ein bisschen Gespür und innerer Gelassenheit werden Sie die für Sie individuell richtige Lösung finden.

Legen Sie sich deshalb auch nicht vorher auf eine bestimmte Stilldauer fest. Dies führt nur zu Frustrationen, wenn Sie z. B. aus irgendeinem Grund den einmal erhobenen Anspruch nicht erfüllen können. Schließlich wissen Sie vorher nicht, was für ein Mensch Ihr Baby ist und welche Bedürfnisse es hat. Und wenn es Ihr erstes Kind ist, wissen Sie auch nicht, wie Sie selbst auf das Stillen reagieren. Es kann sein, dass Sie früher abstillen möchten als geplant. Es kann aber auch sein, dass Sie am liebsten gar nicht aufhören würden und nur ungern von der Stillzeit Abschied nehmen. Es kommt also ganz auf die individuellen Bedürfnisse aller Beteiligten an.

Die ersten vier Monate

Fest steht nur, dass Ihr Baby in den ersten vier Monaten ausschließlich Mutter- oder Flaschenmilch bekommen soll (es sei denn, Sie füttern eine selbst hergestellte Flaschennahrung, deren Nährstoffgehalt schon ab der sechsten Lebenswoche nicht allein ausreicht). Sein Verdauungssystem ist noch nicht in der Lage, andere Kost zu bewältigen. Außerdem besteht bei einer zu frühen Zufütterung die Gefahr, dadurch eine Allergie auszulösen. Nach dem Beginn des fünften Lebensmonats kann, muss aber nicht mit der Beikost begonnen werden. Auch wenn die Hersteller industrieller Babykost andere Angaben machen: Sie können Ihr Baby sechs Monate oder auch noch ein wenig länger voll stillen, wenn das Kind gut gedeiht und alle Beteiligten mit dieser Situation zufrieden sind. Für Kinder aus Familien mit Allergieneigung wird eine sechsmonatige volle Stillzeit sogar ausdrücklich empfohlen.

Wie Sie den Übergang schaffen

Nach dem ersten Lebenshalbjahr jedoch reicht die Muttermilch allein häufig nicht mehr aus, um den gestiegenen Nährstoff- und Energiebedarf des Babys vollständig zu decken. Aber keine Sorge, Ihr Kind wird Ihnen seine Lust auf neue Esserfahrungen schon ganz von selbst zu verstehen geben.

Bei Tisch verfolgt es ganz genau, was die anderen essen, greift danach und versucht, es sich in den Mund zu stecken. Und sind erst einmal die ersten Zähnchen da, entdeckt es seine Lust am Beißen und Kauen. Greifen Sie diese Signale flexibel und undramatisch auf, und überlegen Sie, ob es an der Zeit ist, eine Stillmahlzeit durch eine Löffelmahlzeit zu ersetzen. Vielleicht entspricht es ja auch Ihrem eigenen Bedürfnis, eine neue Ära einzuläuten. Wenn Sie sich z. B. vom Stillen erschöpft fühlen oder immer wieder wunde Brustwarzen haben, ist das Ersetzen einer Mahlzeit vermutlich eine echte Erleichterung, zumal die übrigen Stillmahlzeiten dann harmonischer verlaufen. Der Beginn der Beikost bedeutet übrigens keinesfalls das abrupte Ende der Stillzeit. Im Gegenteil, je langsamer diese Umstellung vonstatten geht, desto besser. Ihr Baby hat Zeit, sich ganz allmählich »abzunabeln« und an neue Nahrungsmittel zu gewöhnen, und Ihre Brüste reduzieren langsam die Milchproduktion, so dass es nicht zu schmerzhaften Milchstaus kommt. Als Regel, an die Sie sich wiederum nicht sklavisch zu halten brauchen, gilt, dass pro Monat eine Brustmahlzeit durch Beikost ersetzt wird. Veranschlagen Sie also für die Umstellung von drei Mahlzeiten drei Monate, in denen die jeweils verbleibenden Mahlzeiten weiter gestillt werden. Manchmal gibt es aber ganz konkrete Gründe, um das Abstillen weiter hinauszuzögern, z. B. eine bevorstehende Reise oder eine Krankheit des Kindes. Bleiben Sie flexibel, und beobachten Sie, wie Ihnen und Ihrem Kind die Umstellung bekommt.

Nach Wunsch können Sie auch über einen längeren Zeitraum noch eine Stillmahlzeit pro Tag beibehalten. Dafür bietet sich die Morgenmahlzeit an. Auf diese Weise brauchen Sie nicht aufzustehen, um ein Fläschchen zu machen. Holen Sie Ihr Kind zu sich ins Bett, kuscheln und schmusen Sie nach der Brustmahlzeit noch eine Weile zusammen, und beginnen Sie so gemeinsam den neuen Tag. Vielleicht haben Sie auch Glück, Ihr Kind schläft noch einmal ein, und Ihnen ist noch ein ruhiges Dreiviertelstündchen vergönnt.

Zeit zum Abstillen

Genießen Sie das innige Zusammensein, aber übersehen Sie auch die Anzeichen nicht, wenn es Zeit wird, Ihr Baby aus der Stillzeit in den nächsten Schritt der Unabhängigkeit zu entlassen. Respektieren Sie den Wunsch Ihres Kindes, sich neuen Erfahrungen zuzuwenden. Dieser Übergang ist zwar immer mit ein wenig Wehmut verbunden, stellt aber im Grunde nur eine der vielen Übungen im Loslassen dar, die Ihnen als Eltern in der Beziehung zu Ihrem Kind bevorstehen. Beglückwünschen Sie sich zum Bestehen dieser Übung, denn ein geglücktes Abstillen im gegenseitigen Einvernehmen ist der beste Start in die nächste Phase Ihrer Beziehung. Versäumen Sie es auch nicht, sich von Ihrem Partner und anderen wichtigen Bezugspersonen noch einmal kräftig für Ihre Leistungen in der Stillzeit loben zu lassen (und sich auch selbst zu loben!). Durch Ihre Geduld, Ihre Zuwendung und die von Ihrem Körper mobilisierte Energie haben Sie Ihrem Kind etwas Wunderbares mitgegeben, das ihm sein ganzes Leben lang bleiben wird.

Die andere Möglichkeit: Fläschchenkost

Nicht alle Mütter können oder wollen stillen. Aus welchem Grund auch immer Sie sich für die Fläschchenkost entscheiden: Stehen Sie dazu und halten Sie sich an die positiven Seiten! Auch beim Füttern mit dem Fläschchen können Sie innige Momente mit Ihrem Baby teilen, sich gemütlich zusammenkuscheln und in aller Ruhe Hautkontakt und zärtliche Nähe spüren. Zwei große Vorteile hat die Fläschchenkost unbestritten: Erstens kann der Vater oder eine andere Bezugsperson schon frühzeitig mitfüttern und somit einen engen Kontakt zum Baby aufbauen; dadurch ist die Mutter stärker entlastet und schneller unabhängig, und die partnerschaftliche Arbeitsteilung setzt früher ein. Zweitens schlafen die meisten Babys nach einer Flaschenmahlzeit besser, weil die Flaschenmilch im Magen gerinnt und deshalb über einen längeren Zeitraum ein Sättigungsgefühl erzeugt.

Die richtige Menge

Einer der Nachteile der Fläschchennahrung gegenüber dem Stillen ist, dass die Trinkmenge zum ständigen Thema wird. Eltern, die sich tendenziell eher Sorgen machen, ob ihr Kind auch genug isst, bekommen für ihre Ängste reichlich Nahrung. Als Faustregel gilt: Das Baby soll von der Fertignahrung täglich etwa ein Sechstel seines Körpergewichts bekommen, bei einem Gewicht von 3000 g also 500 ml, bei fünf Mahlzeiten jeweils 100 ml. Das sind allerdings wirklich nur Richtwerte; jedes Kind ist anders, und manche Kinder kommen auch mit weniger aus. Respektieren Sie das natürliche Sättigungsgefühl Ihres Kindes, und versuchen Sie keinesfalls, ihm das einmal angerührte Fläschchen auch »einzutrichtern«. Sie trainieren ihm sonst ungünstige Ernährungsgewohnheiten an, die es dann ein Leben lang mit sich herumschleppen muss. Erliegen Sie auch nicht der Versuchung, Ihr

Kind ständig zu wiegen. Eine Gewichtskontrolle in größeren Abständen (alle ein bis zwei Wochen) ist im Normalfall völlig ausreichend. Solange Ihr Kind gesund und Ihre Kinderärztin bzw. Ihr Kinderarzt bei den Vorsorgeuntersuchungen zufrieden ist, brauchen Sie sich über seine Trinkmenge keine Sorgen zu machen.

Trinkwasserqualität

Ein weiteres Problem, mit dem Sie sich auseinandersetzen müssen, wenn Sie Ihrem Kind die Flasche geben – und zwar unabhängig davon, ob Sie die Flaschennahrung selbst herstellen oder industriell gefertigtes Pulver verwenden –, ist die Qualität des Trinkwassers, mit dem Sie die Flasche anrühren. Als Folge des Kunstdüngereinsatzes und der Massentierhaltung in der Landwirtschaft (vor allem durch eine massenhafte Gülleausbringung auf den Feldern) ist das Grundwasser teilweise so mit Nitrat belastet, dass sich das daraus gewonnene Trinkwasser für die Zubereitung von Säuglingsnahrung nur bedingt eignet. Bei Ihrer Gemeinde bzw. Ihrem zuständigen Wasserwerk können Sie die Analysewerte für Ihr Trinkwasser erfragen. Das für die Säuglingsnahrung verwendete Wasser sollte weniger als 10 mg Nitrat und weniger als 20 mg Natrium pro Liter enthalten (die gesetzlichen Grenzwerte sind mit 50 mg Nitrat wesentlich höher, d. h. Ihr Trinkwasser kann unter diesen Grenzwerten liegen und trotzdem für Säuglinge ungeeignet sein). Außerdem sollte das Wasser einen pH-Wert von mindestens 7,1 aufweisen, da bei saurerem Wasser vermehrt Schwermetalle wie Kadmium, Blei und Kupfer aus den Leitungsrohren freigesetzt werden. (Deshalb sollten Sie Ihr Trinkwasser auch vor allem morgens eine Weile laufen lassen, ehe Sie die für die Fläschchenzubereitung nötige Menge entnehmen, denn beim Stehen des Wassers über Nacht werden die meisten Schwermetalle aus den Leitungen herausgelöst.) Liegen die Werte Ihres Trinkwassers in einem dieser Punkte nicht in den angegebenen Bereichen, sollten Sie auf ein nitrat- und natriumarmes Mineralwasser ausweichen. Zu erkennen ist ein solches Mineralwasser an einer aufgedruckten Babyflasche und/oder dem Zusatz »für die Säuglingsernährung geeignet« bzw. »enthält weniger als 10 mg Nitrat/l«. Ob dieses Mineralwasser Kohlensäure enthält oder nicht, ist unwesentlich, da Sie das Wasser aus hygienischen Gründen ohnehin abkochen müssen und die Kohlensäure dabei vollständig entweicht.

Selbst hergestellte Fläschchenkost

Als Alternative zur industriell hergestellten Fläschchenkost in Pulverform werden gelegentlich Rezepturen zur Selbstherstellung empfohlen, die jedoch kritisch zu sehen sind. Wegen der strikten Hygieneregeln, die es vor allem in den ersten Lebensmonaten des Neugeborenen zu beachten gilt, ist die Herstellung ziemlich umständlich. Außerdem besteht bei allen selbstzubereiteten Fläschchen auf Kuhmilchbasis (»Drittelmilch«, »Halbmilch« usw.) Allergiegefahr. »Mandelmilch« und andere selbsthergestellte Säuglingsnahrung auf Pflanzenbasis dagegen liefern unzureichende Mengen an Energie, Kalzium und Eisen.

In großer Übereinstimmung gilt in der Fachliteratur lediglich die »Halbmilch« von Droese und Stolley als bedingt geeignet. Nach dieser Rezeptur wird pasteurisierte Vollmilch zu gleichen Teilen mit Wasser verdünnt und mit 2,5 % Stärke und 4 % Zucker aufgekocht. Danach wird 1,5 % Keimöl eingerührt. Für eine Gesamtmenge von 400 ml werden also 200 ml Vollmilch, 200 ml Wasser, 4 gestrichene TL Stärke (Gustin, Mondamin, ab dem sechsten Lebensmonat feine Haferflocken), 4 gestrichene TL Milchzucker und 1 ½ TL Maiskeimöl oder Sonnenblumenöl benötigt. Aber auch diese Rezeptur enthält Kuhmilch und kann deshalb bei Kindern mit Allergieneigung problematisch sein. Wegen der unzureichenden Versorgung mit Vitaminen muss außerdem – wie bei jeder selbstzubereiteten Fläschchenkost! – schon ab der sechsten Lebenswoche Beikost (zuerst Möhrensaft und Orangensaft, dann Möhrenbrei) zugefüttert werden – ein echter Nachteil, wie ich finde, da ein sechs Wochen altes Baby wirklich noch ganz aufs Saugen eingestellt ist.

Unter dem Stichwort »Bio-Kost« oder »vitalstoffreiche Vollwertkost« nach Schnitzer und Bruker wird in manchen Ratgebern die sogenannte Frischkornmilch empfohlen, die aus fein gemahlenem Weizen oder Dinkel, Wasser, Rohmilch und Blütenhonig selbst zubereitet wird. Wegen der Verwendung glutenhaltigen Getreides schon in den ersten vier Lebensmonaten birgt die Frischkornmilch jedoch das Risiko, dass durch eine eventuell vorhandene Zöliakie (eine Unverträglichkeit gegenüber dem in Weizen, Roggen, Gerste und Hafer enthaltenen Kleberprotein Gluten) gravierende Schäden verursacht werden. Auch über die Verwendung von Rohmilch kann man geteilter Meinung sein, und vor dem Verzehr von Honig im ersten Lebensjahr wird wegen der zwar seltenen, für Säuglinge aber sehr gefährlichen Botulismussporen seit neuestem in Verbindung mit dem plötzlichen Kindstod gewarnt. Zudem kann Honig zu dünnen Stühlen führen und den Wasserhaushalt stören. Abgesehen von den gesundheitlichen Bedenken bei dieser

Ernährungsweise sind schon im dritten Lebensmonat des Babys zwei Löf-felmahlzeiten nötig, da die Flaschenmahlzeiten den Nährstoffbedarf nicht decken – meiner Meinung nach eine echte Überforderung des Kindes, das ja im wahrsten Sinne des Wortes noch ein Säugling ist. Ich selbst würde mich aus all diesen Gründen eher auf eine industriell her-gestellte Bio-Säuglingsmilchnahrung oder Flaschennahrung auf Sojabasis verlassen. Ob Sie die Flaschenkost für Ihr Baby aus Gründen der Vollwer-tigkeit dennoch selbst zubereiten wollen, müssen letztlich Sie entscheiden. Falls Sie sich näher informieren wollen: Eine ausführliche Diskussion des Nährstoffgehalts verschiedener selbstzubereiteter Säuglingsmilchen finden Sie bei Leitzmann und Hahn.

Industriell hergestellte Fläschchenkost
Bei den industriell hergestellten, in Drogerien und Supermärkten erhältli-chen Säuglingsmilchen wird zwischen »Säuglingsanfangsnahrung (Säug-lingsmilchnahrung)« für die ersten vier bis sechs Lebensmonate und »Fol-genahrung (Folgemilch)« für Babys über vier Monate unterschieden. Säuglingsanfangsnahrungen mit dem Zusatz »Pre« sind adaptierte Zube-reitungen, d. h. sie sind in ihrer Zusammensetzung der Muttermilch wei-testgehend angenähert, und der Kohlenhydratanteil ist auf Milchzucker (Lactose) beschränkt. Genau wie Muttermilch können »Pre«-Milchen des-halb immer dann gegeben werden, wenn das Baby Hunger hat. Auch die Trinkmenge richtet sich ganz nach Babys individuellen Bedürfnissen. So-lange Sie die Dosierungshinweise auf den Packungen strikt beachten, besteht keine Überfütterungsgefahr. Im Naturkosthandel gibt es eine adaptierte »Bio-Säuglingsmilchnahrung« mit Zutaten aus kontrolliert biologischer und gentechnikfreier Landwirtschaft. Andere Anfangsnahrungen, die meist die Ziffer »1« tragen, sind nur teilad-aptiert, enthalten also außer Milchzucker noch andere Kohlenhydrate (Stär-ke) und sind dadurch sämiger und sättigender. Diese Anfangsnahrung oder »Dauermilch« ist ab der ersten Woche geeignet, eine entsprechende »Folge-milch« (Ziffer »2«) kann nach dem vierten Monat gegeben werden. Sie ent-spricht in ihrer Zusammensetzung kaum noch der Muttermilch. Deshalb darf bei all diesen teiladaptierten Milchen eine bestimmte Menge pro Tag nicht überschritten werden, da es sonst möglicherweise zu einer Überfüt-terung kommt. Um den freien, ganz an den individuellen Bedürfnissen des Babys orientierten Rhythmus des Stillens möglichst nachzuahmen, spricht einiges für ein längeres Beibehalten der adaptierten »Pre«-Fläschchenkost.

Kuhmilch oder Soja?

Säuglingsmilchen mit der Bezeichnung »Säuglingsmilchnahrung« sind aus Kuhmilch hergestellt. Daneben gibt es spezielle Zubereitungen für Babys mit Allergieneigung (»hypoallergene« oder »antigenreduzierte« Säuglingsnahrungen) mit dem Zusatz »HA« (»hypoallergen«), bei denen das Kuhmilcheiweiß durch Hydrolysieren verändert wurde. Durch dieses Verfahren entstehen kleinere Eiweißbausteine, die für das Abwehrsystem des Babys nicht mehr ohne weiteres als fremdes Eiweiß erkennbar sind. Das heißt aber nicht, dass damit eine Allergie auf jeden Fall verhindert werden kann. An die antiallergene Qualität der Muttermilch reichen auch diese Zubereitungen nicht heran. Wenn bereits eine Allergie besteht, dürfen sie auf keinen Fall gefüttert werden, da auch sie eine Restmenge des unerwünschten Kuhmilch-Eiweißes enthalten.

Wenn Sie Kuhmilch lieber ganz meiden wollen, können Sie zu Fläschchenkost auf Sojabasis greifen, die sich übrigens noch bis ins Kleinkindalter als Kuhmilch-Alternative zum Trinken, aber auch zum Kochen verwenden lässt. Dem einfachen Sojadrink (»Sojamilch«) ist sie aufgrund der auf die kindlichen Bedürfnisse abgestimmten Beimischung von Mineralstoffen (vor allem Kalzium) und Spurenelementen überlegen. Neben den in Drogerien und Supermärkten angebotenen Präparaten gibt es auch im Reformhaus eine solche Soja-Säuglingsmilch in Pulverform, mit der ich gute Erfahrungen gemacht habe. Der Hersteller dieser Milch garantiert die Verwendung von gentechnikfreiem Soja, auch wenn sich laut dessen Information offenbar leider nicht mehr ganz ausschließen lässt, dass bei den verschiedenen Reinigungs- und Verarbeitungsverfahren geringe Spuren gentechnisch veränderter Sojabohnen in den Rohstoff gelangen. Zu bedenken ist, dass manche Kinder auch auf Soja allergisch reagieren.

Lassen Sie sich bei der Auswahl der richtigen Flaschenkost für Ihr Baby von Ihrer Hebamme oder Ihrer Kinderärztin bzw. Ihrem Kinderarzt beraten. Auf jeden Fall sollten Sie bei einem bewährten Präparat bleiben, statt nach jeder Packung zu einer anderen Marke überzuwechseln. Von diesem Hin und Her könnte der Organismus Ihres Babys überfordert sein.

Was es bei der Zubereitung zu beachten gibt

Halten Sie sich außerdem bei der Zubereitung der Fläschchenkost immer ganz genau an die Dosierungsvorschriften der Hersteller, da ein falsches Verhältnis von Pulver und Flüssigkeit für die kindlichen Nieren schädlich sein kann. Nehmen Sie nur den Original-Messlöffel des jeweiligen Herstellers, füllen Sie ihn ganz locker, und streichen Sie überflüssiges Pulver mit dem Rücken eines Messers ab. Rühren Sie das Pulver mit einem Messer oder einem langstieligen Joghurtlöffel ein, und schütteln Sie nicht zu stark, da eingeschüttelte Luftbläschen Blähungen fördern können. Fläschchen für die Nacht oder den nächsten Morgen können Sie am Abend vorher anmischen und im Kühlschrank aufbewahren (nicht länger als 24 Stunden). Reste angebrochener Fläschchen dürfen Sie nicht weiterverwenden. Flaschen und Sauger müssen immer keimfrei sein und nach jedem Gebrauch ausgekocht oder im Wasserdampf desinfiziert werden. (Chemische Desinfektionsmittel sind überflüssig und darüber hinaus gefährlich, weil sich nicht ausschließen lässt, dass geringe Mengen zurückbleiben.) Wichtig ist, dass das Loch im Sauger nicht zu groß ist. Wenn Sie die Flasche schräg nach unten halten, darf die Milch nur ganz langsam heraustropfen. Kommt zu viel, verschluckt sich das Kind, kommt zu wenig, wird es müde, ehe es gesättigt ist. Für die »Pre«-Nahrung reicht in der ersten Zeit ein Teesauger, bei dem das Loch kleiner ist als bei einem Milchsauger.

Brauchen Babys Vitamintabletten?

Ob vegetarisch oder nicht: Frisch gebackene Eltern bekommen heute in der Regel gleich im Krankenhaus eine erste Packung mit Vitamin-D-Tabletten, die sie ihrem Neugeborenen ab dem Ende der ersten Lebenswoche bis zum Ende des zweiten Lebensjahrs geben sollen. Meist enthalten die Tabletten gleichzeitig Fluorid, das der Härtung des Zahnschmelzes dient. Vielen Eltern stellt sich die Frage, ob diese Tabletten wirklich notwendig sind. Es kommt ihnen unnatürlich vor, Ihrem neugeborenen Kind täglich synthetische Nährstoffe in Tablettenform einzuflößen. Sollte die Natur tatsächlich alle Menschenkinder mit einer Mangelversorgung auf die Welt kommen lassen, die selbst die doch sonst in jeder Hinsicht so vollkommene Muttermilch nicht verhindern kann?

Befürworterinnen und Befürworter der Vitamingaben weisen darauf hin, dass die Muttermilch tatsächlich nicht genug Vitamin D enthält und es ohne zusätzliche Versorgung mit diesem Vitamin zu der bei Kleinkindern so gefürchteten Rachitis kommen kann. Rachitis (auch »Englische Krankheit« genannt) äußert sich in schweren Knochenschäden und -verformungen, ist also eine ernstzunehmende Krankheit, die bei uns allerdings nur noch äußerst selten auftritt.

Vitamin D

Tatsächlich kann es bei Vitamin-D-Mangel zu einer verzögerten Verkalkung der Knochen kommen. Wie wir wissen, ist der Körper jedoch in der Lage, Vitamin D unter Einwirkung von UV-Licht selbst herzustellen. Wenn Ihr Kind im Winter zur Welt kommt, Sie in einer dunklen Wohnung wohnen und der Himmel ständig verhangen ist, hat er dazu aber womöglich nicht genug Gelegenheit.

Ob Sie Ihrem Kind die Vitamintabletten geben wollen oder nicht, müssen Sie selbst entscheiden. Lassen Sie sich dazu von Ihrer Ärztin oder Ihrem Arzt eingehend beraten. Falls Sie auf die Tabletten verzichten, müssen Sie auf jeden Fall mit Ihrem Kind möglichst mehrmals am Tag an die frische Luft gehen und darauf achten, dass seine Haut viel Licht abbekommt (ohne natürlich der prallen Sonne ausgesetzt zu sein). Sobald Sie Ihrem Baby außer Mutter- oder Flaschenmilch feste Beikost geben, sollten Sie Vitamin-D-haltige Lebensmittel in die Breie rühren. Dazu gehören Eigelb, Butter und Milch sowie Avocados und Pflanzenöle.

Fluor

Die Gabe von Fluorid zur Härtung des Zahnschmelzes in Tablettenform ist ebenfalls umstritten. Gegnerinnen und Gegner argumentieren, Karies sei keine Mangelkrankheit, sondern einzig und allein die Folge falscher Ernährung und schlechter Mundhygiene. Außerdem weisen sie darauf hin, dass zu hohe Fluorgaben möglicherweise zu einer krankhaften Veränderung der Zahn- und Knochenstruktur führen. Befürworterinnen und Befürworter halten dagegen, dass sich nach allen aktuellen Statistiken die Karieshäufigkeit bei Kindern durch die Gabe von zahnschmelzhärtendem Fluorid in den letzten Jahren tatsächlich drastisch verringert hat.

In natürlichen Nahrungsmitteln ist Fluorid kaum in nennenswertem Ausmaß vorhanden. Anders ist dies beim Trinkwasser, dessen Fluoridgehalt von Ort zu Ort schwankt. Informieren Sie sich deshalb als erstes bei Ihrem Wasserwerk über den Fluoridanteil Ihres Trinkwassers. Liegt er über 0,3 mg pro Liter, ist eine zusätzliche Fluoridzufuhr ohnehin nicht ratsam. Liegt er darunter, besprechen Sie mit Ihrer Ärztin oder Ihrem Arzt, ob Ihr Kind zusätzlich Fluorid bekommen soll. Auf keinen Fall sollten Sie aber Fluortabletten geben und gleichzeitig fluoridisiertes Speisesalz oder fluorhaltige Zahnpasta verwenden, da es dann zu einer schädlichen Überversorgung kommen kann.

Zahnhygiene

Ganz egal, ob Sie sich für oder gegen die Fluortabletten entscheiden: Achten Sie auf eine zahngesunde Ernährung Ihres Kindes. Geben Sie Ihrem Kind viel Hirse zu essen, die wegen ihres hohen Gehalts an Kieselsäure auf Haare, Haut und Zähne besonders aufbauend wirkt. Zucker, Bonbons, aber auch klebrige Süßungsmittel wie Honig und Sirup dagegen sind ebenso schlecht für die Zähne wie süße oder fruchtsäurehaltige Getränke aus der Nuckelflasche. Mit der Zahnhygiene können Sie beginnen, sobald der erste Zahn da ist. Wischen Sie zum Anfang nur ganz leicht mit einem feuchten Wattestäbchen über die Zähne. Mit Zahncreme sollten kleine Babys noch nicht in Berührung kommen, weil sie die Creme eventuell herunterschlucken. Lassen Sie es aber schon früh mit einer kleinen, angefeuchteten Zahnbürste spielen, und zwar möglichst dann, wenn sich auch die anderen Familienmitglieder die Zähne putzen – sein Spiel- und Nachahmungstrieb wird ihm dabei helfen, ganz natürlich in die regelmäßige Zahnpflege hineinzuwachsen.

Beikost: Vom Saugen zum Löffeln

Mit der ersten Beikost beginnt Babys »breierne Zeit« – die Zwischenstufe zwischen der flüssigen Nahrung im Mutterleib bzw. aus der Flasche oder Mutterbrust und der festen Nahrung der Kleinkinder und Erwachsenen, an der das Baby gegen Ende des ersten Lebensjahrs zunehmend teilhaben wird.
Aber womit beginnen? Und wie einen möglichst sanften Übergang in diese nächste Entwicklungsphase schaffen?

Womit beginnen?

Das klassische erste Nahrungsmittel ist die Möhre, weil sie viel Carotin (Provitamin A) und Kalzium enthält, weil sie stuhlregulierend wirkt und weil das Baby sie – am allerwichtigsten! – wegen des leicht süßlichen Geschmacks meist auf Anhieb akzeptiert. (Damit der Geschmack nicht allzu ungewohnt ist, können Sie anfangs auch noch etwas Muttermilch untermischen.) Beginnen Sie mit dem im Rezeptteil angegebenen ersten Möhrenbrei, gehen Sie erst, wenn die eingefrorenen Vorräte vollständig aufgebraucht sind, zum nächsten Rezept über und steigern Sie so langsam Löffel für Löffel die Breimenge, bis am Ende die gesamte Mittags-Brustmahlzeit durch eine Gemüsemahlzeit ersetzt ist.

Weil Ihr Baby beim Essen jetzt noch keine große Abwechslung braucht, ihm im Gegenteil das Gewohnte am liebsten ist, sollten Sie ruhig drei bis vier Tage oder auch eine Woche lang bei einem Rezept bleiben und erst dann zum nächsten übergehen (alle Rezepte bauen systematisch aufeinander auf). Sagt ein Gemüse Ihrem Baby offensichtlich nicht zu, probieren Sie es mit dem nächsten Rezept. Wenn Ihr Baby hingegen den angebotenen Brei sichtlich gerne mag, kochen Sie gleich einen großen Vorrat für die nächsten Tage und frieren Sie ihn portionsweise in Frischhaltedosen oder alten Joghurtbechern ein. (Bei kartoffelhaltigen Breien fanden wir manchmal die Konsistenz nach dem Auftauen etwas problematisch, weshalb wir dazu übergegangen sind, bloß für jeweils zwei Tage zu kochen und diesen Brei für den nächsten Tag im Kühlschrank aufzubewahren.) Um die Eisenaufnahme zu verbessern, sollten Sie dann als Nachtisch einige Löffel frisches Obstmus geben. Apfel, Birne und ein wenig Banane, mit dem Pürierstab schaumig aufgerührt, bilden den fruchtig-leckeren Abschluss der Mittagsmahlzeit. Außer den Breien können Sie Ihrem Kind gelegentlich auch etwas Härteres zum Beißen geben, z. B. ein Stück altbackene Brotrinde, an dem es tüchtig nagen kann, ohne sich an größeren Stücken zu verschlucken. Vor allem zahnende Kinder sind für solche hausgemachten Beißhilfen dankbar. Sie können die Brotrinde auch vorher einige Zeit in den Kühlschrank oder Tiefkühlschrank legen, denn die Kälte wirkt beim Zahnen zusätzlich schmerzlindernd.

Die ersten Löffelversuche

Für die ersten Löffelversuche sollten Sie eine ruhige Zeit im Tagesablauf wählen, zu der Ihr Kleines in der Regel gut gelaunt und ausgeschlafen ist, z. B. den späten Vormittag. Damit es nicht gleich vor Ungeduld und Hunger schreit, ist es ratsam, zunächst eine halbe Mahlzeit zu stillen und erst dann den Löffel zu zücken. Wichtig ist auch, dass Sie Ruhe und Zeit haben, dass der Rest der Familie nicht ungeduldig auf sein Essen wartet oder aus irgendeinem anderen Grund um Sie herum Hektik herrscht. Der Abend ist eher ungünstig, denn sollte Ihrem Baby tatsächlich einmal eine neue Zutat nicht bekommen, hat nachts die ganze Familie darunter zu leiden.

Wundern Sie sich nicht, wenn Ihr Baby anfangs den größten Teil des angebotenen Breis mit der Zunge wieder hinausbefördert. Das bedeutet nicht, dass ihm der Brei nicht schmeckt. Es handelt sich vielmehr um einen ganz natürlichen Reflex, denn bisher beherrscht es nur das Saugen, nicht aber die komplizierte Kau-Schluck-Bewegung. Vom Löffel essen zu lernen, dauert einfach seine Zeit. Dass mindestens ebenso viel Brei auf dem Lätzchen landet wie in Babys Magen, ist also ganz normal. Mehr als einen Löffel sollten Sie ihm deshalb anfangs gar nicht anbieten, und auch später ist es grundsätzlich besser, kleine Portionen aufzutun und bei Bedarf nachzufüllen. Große Portionen wirken entmutigend und verleiten dazu, das Aufessen zu erzwingen. Lehnt Ihr Kind den Brei anfangs gänzlich ab, sollten Sie nicht weiter darauf bestehen, sondern es lieber in ein paar Tagen erneut versuchen. Sie werden merken, dass es sich allmählich an die neue Kost gewöhnt und sich die Menge wie von selbst langsam steigert.

Falls Ihr Baby bei den ersten Fütterungsversuchen noch nicht alleine sitzen kann, setzen Sie es in seine Wippe (mit hochgestellter Rückenlehne) oder in seine Autoschale – auf diese Weise haben Sie beide Hände frei. Wenn Ihr Baby stark strampelt und mit den Händen nach dem Löffel schlägt, können Sie es auch seitlich so auf den Schoß setzen, dass der Ihnen zugewandte Arm hinter seinem Körper liegt und Sie den anderen Arm sanft festhalten. Dieser Griff soll natürlich nur eine Hilfe und niemals eine Zwangsjacke sein. Manche Kinder reagieren aber dankbar auf den festen Halt.

Nützliche Utensilien

Sobald es sitzen kann, nimmt Baby dann zum Essen auf einem Kinderhochstuhl in der Küche oder am Familientisch Platz. Sehr praktisch sind die neuen, mit auswechsel- und waschbarem Stoff bezogenen Hängesitze, die man mit einem sicheren Schraubsystem an stabilen Tischen festklemmen kann. Sie nehmen weniger Platz weg, und da sie nicht am Boden stehen, lässt sich darunter leichter saubermachen (in den ersten Lebensjahren Ihres Kindes leider eine tägliche Übung). Außerdem sind sie so flach zusammenklappbar, dass sie ohne Probleme mit auf Reisen gehen und im Ferienhaus oder während des Besuchs bei Freundinnen und Freunden gute Dienste leisten.

Weitere wichtige Utensilien sind ein Stapel Lätzchen (große Servietten, Geschirrhandtücher oder Stoffwindeln sind am praktischsten) und ein Satz Plastiklöffel mit abgerundeten Kanten, die im Mund angenehmer sind als hartes, kaltes Metall.

Am allerwichtigsten: Gelassen bleiben

Am allerwichtigsten ist jedoch, dass Sie für die ersten Essversuche Ihres Babys eine freundliche, angenehme Atmosphäre schaffen. Haben Sie Geduld, werden Sie nicht wütend, und nehmen Sie es nicht persönlich, wenn Ihr Kind das von Ihnen so liebevoll vorbereitete Essen wieder ausspuckt. Zwingen Sie Ihr Kind nie zum Essen. Akzeptieren Sie, wenn es nicht mehr essen will. Ihm sein natürliches Sättigungsgefühl abzutrainieren, hätte verheerende Folgen.

Außerdem hat jedes Kind (ebenso wie jeder Erwachsene) bestimmte Abneigungen und Vorlieben, die es zu respektieren gilt. Seine Entwicklung ist von Anfang an individuell. Deshalb sind auch alle Tabellen, die genau verzeichnen, in welchem Alter wie viel von welchen Zutaten gegessen werden soll, mit Vorsicht zu genießen. Manche Kinder knabbern schon mit acht Monaten vergnügt das erste Käsebrot, während andere sich noch an ihrem ersten Geburtstag lieber an einer Milchflasche festhalten. Seien Sie flexibel, und versuchen Sie nicht, irgend etwas zu erzwingen. Das führt nur zu unnötigen Machtkämpfen, die weder Sie noch Ihr Kind in irgendeiner Hinsicht weiterbringen. Auch wenn es einmal nicht essen mag: Ihr Kind wird nicht verhungern. Und unter den vielen leckeren Angeboten, die Sie ihm mit der vegetarischen Vollwertkost bereiten können, wird es ganz gewiss vieles finden, was ihm schmeckt und es in seiner Entwicklung vorwärtsbringt.

Trinken

Spätestens mit Beginn der Beikost müssen Sie nun nicht mehr nur an den Hunger, sondern auch an den Durst Ihres Kindes denken. Flaschenkinder und bei Bedarf auch gestillte Kinder haben bei starkem Schwitzen, Fieber, Durchfall und Erbrechen schon abgekochtes Wasser oder dünnen Kräutertee zu trinken bekommen.

Vergessen Sie nicht, Ihrem Kind von jetzt an stets genug zu trinken anzubieten. Halten Sie immer etwas Trinkbares parat, damit Ihr Kind sich nach Belieben bedienen kann. Am besten eignen sich selbst zubereitete dünne, ungesüßte Kräuter- oder Früchtetees (fertige Kindertees sind oft noch immer viel zu süß und deshalb gefährlich für die Zähne). Ebenfalls geeignet sind stark verdünnte Obstsäfte oder schlicht und einfach Wasser (Mineralwasser ohne Kohlensäure oder Leitungswasser mit niedrigem Nitratgehalt). Milch sollten Sie nicht als Durstlöscher zu Mahlzeiten anbieten, da sie nur vom eigentlichen Essen ablenkt: Ihr Kind isst wenig und meldet kurze Zeit später schon wieder Hunger an.

Beginnen Sie so bald wie möglich, Wasser aus einer Trinklerntasse oder einem kleinen Glas zu geben, damit es gar nicht erst zum zahnschädigenden Dauernuckeln kommt. Bei uns hat sich ein tailliertes Schnapsglas für die ersten Greifversuche am besten bewährt – und natürlich zu einigen Frotzeleien geführt. Zum Üben ist Wasser am besten, weil es keine Flecken macht, und die Badewanne ist hierfür ein vielleicht unkonventioneller, aber praktischer Übungsplatz.

Gläschen oder selbstgekocht?

Schon lange bevor der Kinderlöffel im ersten Abendbrei versinkt, werden frischgebackene Eltern mit Prospekten und Proben zahlreicher Babykosthersteller überhäuft. Lätzchen, Löffel und diverse andere Beigaben sowie komplette Ernährungspläne und Club-Mitgliedschaften sollen sie möglichst früh an eine Marke binden. Auch im Naturkosthandel und im Reformhaus werden Gläschen für Babys Beikost angeboten. Wofür sollen sich die Eltern angesichts dieser Vielfalt entscheiden? Und ist es generell besser und sicherer, Gläschenkost zu füttern, als selbst zum Kochlöffel zu greifen? Viele Eltern fühlen sich verunsichert, weil sie nicht genau wissen, was ihr Kind in welchem Alter verträgt. Aufdrucke wie »ab dem 5. Monat« oder »nach der 6. Woche« sowie der Zusatz »streng schadstoffkontrolliert« vermitteln ein Gefühl der Sicherheit.

Gläschenkost ist gesetzlich kontrolliert

Tatsächlich unterliegt die industriell hergestellte Babykost per Gesetz strengen Anforderungen. Das ist auch gut so, da der nicht voll ausgereifte Organismus des Babys möglichen Schadstoffen besonders wehrlos ausgeliefert ist. Da sich die niedrigen Grenzwerte durch den konventionellen Obst- und Gemüse-Anbau kaum erreichen lassen, hat sich auch bei der im Supermarkt erhältlichen Gläschenkost der Bio-Anbau durchgesetzt. Allerdings gilt dies häufig nur für einzelne Zutaten, während bei den Gläschen aus dem Naturkostladen oder Reformhaus ausnahmslos alle Inhaltsstoffe aus kontrolliert biologischem bzw. biologisch-dynamischem Anbau stammen. Außerdem verzichten die Hersteller auf Bindemittel, Salz und raffinierten Industriezucker. Auch Konzentrate, Milchbestandteile und Auszugsmehle kommen ihnen nicht ins Babyglas. Mehrweggläser bei der Babynahrung gibt es aber auch im Naturkosthandel nicht. Begründet wird dies mit Sicherheitsaspekten. Beschädigungen, Reinigungsmittel- oder Schmutzrückstände stünden der Forderung nach absoluter Rückstandsfreiheit entgegen.

Trotzdem hat die Gläschenkost einige Nachteile

Das Argument leuchtet ein, doch ergibt sich daraus schon der erste Nachteil der Gläschenkost: Es entsteht jede Menge Müll aus Glas, Alu- und Weißblechdeckeln, zumal über einen gewissen Zeitraum durchaus zwei, drei, vier Gläschen pro Tag anfallen können. Zweitens ist die Gläschenkost teuer. Wenn Sie erst einmal die übliche Gläschenmenge an Gemüse selbst gedämpft und püriert haben, wird Ihnen klar, wieviel Geld Sie durch die Selbstzubereitung sparen. Der dritte Nachteil liegt auf der Zunge: Die Gläschen verändern das Geschmackserlebnis. Die Zutaten mögen noch so schonend verarbeitet sein, wir alle wissen, dass ein Pfirsich aus der Konserve einfach anders schmeckt als die frische oder frisch zubereitete Frucht. Und Gläschen sind Konserven, auch wenn sie ohne Blechbüchsen auskommen und noch so bunt und appetitlich aufgemacht sind. Statt den echten Geschmack einer gedünsteten Möhre kennenzulernen, schmeckt Ihr Baby also den Konservengeschmack – und gewöhnt sich nicht selten so daran, dass es selbstgekochtes Gemüse schließlich ganz ablehnt. Die vielgepriesene »gleichbleibende Qualität« der Gläschenkost hat eben auch den Haken, dass sie tatsächlich immer gleich schmeckt und dadurch auf die Geschmackstoleranz nivellierend wirkt: Das Kind erwartet im Laufe der Zeit immer das Gleiche und lehnt abweichende Geschmacksnuancen ab. (Vielleicht liegt darin auch ein Grund, warum viele Kinder so ungern Gemüse essen, nachdem sie die Gläschenzeit hinter sich gelassen haben.) Umgekehrt kann übrigens der gleiche Effekt eintreten: Kinder, die von Anfang an selbst gekochtes Gemüse bekommen haben, wollen von der Gläschenkost oft nichts wissen.
Ein letzter Nachteil der Gläschen: Die Obst- und Getreidebreie (ob aus dem Gläschen oder aus der Packung zum Anrühren in Pulverform) sind häufig viel zu süß. Der Aufdruck »ohne Zuckerzusatz« bezieht sich nämlich nur auf reinen Haushaltszucker; aber auch »natürliche Süßstoffe« aus Getreide und Früchten können Babys Geschmack von Anfang an auf eine penetrant süße Fährte locken, so dass es später alle anderen Angebote verweigert und nur noch Süßes will. Studieren Sie deshalb sorgfältig das Etikett, ehe Sie ein Babygläschen oder eine Packung Fertigbrei in Ihren Einkaufskorb legen.

Die EU-Richtlinie

Verkompliziert wird die Entscheidung für oder gegen die Gläschenkost durch eine neue EU-Richtlinie, nach der speziell für Säuglinge und Kleinkinder angebotene Nahrungen vom 1. Juli 1999 an bestimmte Mindestgehalte an Vitaminen und Mineralstoffen aufweisen müssen sowie Höchstmengen an Fett und Kohlenhydraten nicht überschreiten dürfen. Hinter dem bürokratischen Vitaminstoß aus Brüssel mag eine gute Absicht stecken. In der Praxis hat die Richtlinie allerdings völlig widersinnige Folgen: Die festgelegten Werte für die einzelnen Vitamine sind nämlich so hoch angesetzt, dass sie sich durch den natürlichen Vitamingehalt der Zutaten nicht erreichen lassen. Außer Hafer kann z. B. kein Getreide die Vorgabe für den Mindestgehalt an Vitamin B_1 erfüllen – was leider dazu führt, dass nun auch die Fertignahrung aus dem Naturkostladen und Reformhaus zum Teil mit künstlichen Vitaminen angereichert werden muss. Von dieser Regelung betroffen sind Getreidebreie zum Anrühren, Fertigbreie im Gläschen, Kindersäfte, -kekse und -zwieback.

Die neue EU-Richtlinie ist ein gutes Beispiel für ein schematisches Ernährungsdenken, das einer ganzheitlichen Sicht völlig entgegensteht. (Kritikerinnen und Kritiker sehen in ihr denn auch einen Erfolg der Lobby-Arbeit großer Chemiekonzerne.) Es wird nämlich der Eindruck erweckt, als müsse ein Kind mit jeder Mahlzeit ein bestimmtes Maß an einzelnen Vitaminen und Nährstoffen zu sich nehmen. In Wirklichkeit handelt es sich aber jeweils nur um einzelne Komponenten der Beikost, die lediglich einen Teil der täglichen Nahrung des Babys umfassen. Natürliche Lebensmittel werden so als Mangelware hingestellt, obgleich sie sich im Rahmen eines vollwertigen Ernährungsplans gegenseitig ergänzen. Nicht alle Nahrungsmittel können den gleichen Nährstoffgehalt haben – das wäre ja auch völlig unnatürlich und widersinnig. Und wie wir schon an anderer Stelle gesehen haben, kommt es mitnichten allein auf den Gehalt an einzelnen, isolierten Vitaminen, Mineralstoffen und Spurenelementen an. Wenn dies so wäre, könnten wir die aufwendige Nahrungszubereitung auf der Stelle lassen und uns fortan von Vitamintabletten ernähren. Nein, erst in der Umgebung all ihrer natürlichen Begleitstoffe kann sich die segensreiche, gesundheitsfördernde Wirkung aller Inhaltsstoffe voll entfalten. Der kindliche Organismus muss lernen, diese Vorgänge für sich zu nutzen und auch knappe Angebote optimal zu verwerten. Ein ständiges Überangebot an künstlichen Inhaltsstoffen ist sicherlich kontraproduktiv.

Einige unbestrittene Vorteile der Gläschenkost

Doch was auch immer die EU-Bürokraten uns ins Babyglas brocken mögen: Selbstverständlich hat die Gläschenkost neben allen Ungereimtheiten unbestrittene Vorteile. Dazu gehört die strenge Schadstoffkontrolle – auch wenn mir die Einstellung, die Schadstoffbelastung unseres Gemüses als gegeben hinzunehmen, für die Kinder kontrollierte Gläschen zu kaufen und ansonsten alles beim alten zu belassen, gründlich widerstrebt. Ziehen wir lieber die Konsequenz, die biologische Landwirtschaft zu unterstützen, wo es nur geht, und durch unser Kaufverhalten und unser ökologisches Engagement auch sonst zu zeigen, was wir von einer sorglosen Verschmutzung unserer Umwelt halten.

Ein weiterer Vorteil der Gläschen: Sie sind bequem. Wenn Sie z. B. mit Ihrem Kind unterwegs sind oder mit einem hungrigen Schreihals von einem anstrengenden Ausflug nach Hause kommen, kann es schon extrem nervenschonend sein, einfach mal ein Gläschen aufzudrehen. Aus eigener Erfahrung empfehle ich Ihnen deshalb, ruhig ein paar Gläschen auszuprobieren und von den bewährten Sorten stets eines als eiserne Reserve im Wickelrucksack und einige weitere im Küchenschrank bereitzuhalten. Die Entscheidung, für Ihr Baby selbst zu kochen, soll keine Belastung und nicht mit Stress verbunden sein. Gönnen Sie sich und Ihrem Kind ruhig ein wenig Fertigfutter, wenn Sie selbst partout keine Lust zum Kochen haben oder einfach müde und abgespannt sind. Wie immer im Leben kommt es auf die richtige Dosierung an.

Außerdem kann es sinnvoll sein, bei nitratreichem Gemüse wie Spinat auf ein Gläschen zurückzugreifen und es eigenen Brei-Kreationen beizumischen. Nitrat wird nämlich im Körper von Bakterien teilweise in Nitrit umgewandelt, das die roten Blutkörperchen so verändert, dass sie keinen Sauerstoff aufnehmen oder transportieren können. Bei kleinen Kindern ist dieser Effekt stärker als bei Erwachsenen, da sie weniger Magensäure haben, um die nitriterzeugenden Bakterien abzutöten. Die Folge kann eine Unterversorgung mit Sauerstoff, die sogenannte Blausucht, sein. Die strenge Kontrolle der Babygläschen garantiert einen niedrigen Nitratgehalt, der aufgrund natürlicher Gegebenheiten auch bei frischem Gemüse aus kontrolliert biologischen Anbau etwas höher liegen kann. In diesem Fall bildet die Gläschenkost – natürlich ohne Salz und ohne Süßungsmittelzusatz – also durchaus eine gute Ergänzung.

Selbstgekochte Beikost leicht gemacht

Abgesehen davon müssen Sie aus Ihrem Kind jedoch keineswegs ein Gläschenkind machen. Die Ersparnis durch das Selbstzubereiten ist so groß, dass Sie die höheren Preise für Biogemüse und -getreide locker in Kauf nehmen können. Außerdem werden Sie rasch merken, dass das Kochen für

Ihr Baby gar nicht so schwierig ist. Die Angaben der Gläschenhersteller darüber, was ab welchem Monat gegeben werden soll, können Sie sowieso vergessen, da sie tendenziell viel zu früh angesetzt sind. Schließlich ist die Zeit, in der Kinder Gläschen löffeln, ja im Grunde recht begrenzt, und die Hersteller haben natürlich ein Interesse daran, diese möglichst nach vorne auszudehnen. Wenn alle Babys einen Monat früher tief ins Gläschen schauen, kommt schon ein enormer Gewinn zusammen. Natürlich behaupten die Hersteller nicht, ihre Gemüsegläschen müssten *unbedingt* nach dem 4. Monat gegeben werden. Durch die allgegenwärtigen Aufdrucke »ab dem 4. Monat«, »ab dem 5. Monat« usw. suggerieren sie besorgten Eltern jedoch, sie würden ihren Kindern etwas Wichtiges vorenthalten, wenn sie ihnen nicht schon möglichst früh »Zartes Gemüseallerlei in Rahm mit Apfel-Zimt-Stückchen« kredenzen.

Wie so oft lautet auch hier der wichtigste Ratschlag: Erstmal entspannen! Im ersten Lebenshalbjahr können Sie Ihr Kind, wenn Sie wollen, ohnehin noch voll stillen, und auch eine entsprechende industriell hergestellte Fläschchenkost ist für diese Zeit vollkommen ausreichend. (Nur bei der selbst hergestellten Fläschchenmilch müssen ab der 6. Lebenswoche Vitamin A- und -C-haltige Säfte und reiner Karottenbrei zugefüttert werden.) Beginnen Sie dann ganz allmählich mit dem Löffel-Abenteuer. Die natürliche Neugier Ihres Kindes wird auf Ihrer Seite sein. Bereiten Sie zunächst ein einfaches Möhrenpüree zu, steigern Sie allmählich die Menge, und folgen Sie dann den Rezepten, die ich am Ende dieses Kapitels für Sie zusammengestellt habe.

Worauf Sie achten sollten

Die einzelnen Rezepte bauen so aufeinander auf, dass Sie die vorgegebene Reihenfolge einfach nachvollziehen können. Anfangs kommt immer nur ein neues Nahrungsmittel hinzu, so dass Sie einige Tage beobachten können, ob Ihr Baby auch alles verträgt. Kommt es wider Erwarten zu Durchfall, Blähungen oder anderen Verdauungsproblemen, wissen Sie, bei welchem Nahrungsmittel Sie in Zukunft vorsichtig sein müssen. Falls Sie neu eingeführte Zutaten in den ersten Tagen scheinbar unverdaut in der Windel wiederfinden, muss dies allerdings nicht unbedingt ein Grund zur Besorgnis sein. Lassen Sie dem Darm Ihres Kindes Zeit, sich auf die neue Kost umzustellen, und beobachten Sie aufmerksam, wie es sich weiterentwickelt. Achten Sie auch auf Ausschläge, einen wunden Po oder wunde Stellen im Mund. Manche Kinder vertragen Apfelsaft, während andere sofort mit

Wundsein und Durchfall reagieren. Wie das bei Ihrem Baby ist, können Sie nur herausbekommen, indem Sie es ausprobieren. Wenn Sie immer nur ein neues Nahrungsmittel hinzufügen, haben Sie den »Übeltäter« schnell aufgespürt.

Ähnliches gilt für Allergien: Am wahrscheinlichsten werden Allergien von Milch und Milchprodukten, Eiern, Nüssen, Zucker, Schokolade, Orangen, Weizen und glutenhaltigen Nahrungsmitteln, aber auch Soja und Sojaprodukten ausgelöst, am unwahrscheinlichsten dagegen von Reis, Hirse, Wurzel- und Blattgemüse, Äpfel, Birnen, Trocken- und Hülsenfrüchten. Anzeichen für eine allergische Reaktion sind Ausschlag und Anschwellen von Augen, Lippen und Gesicht, Übelkeit, Durchfall, Ekzeme, Heuschnupfen und Asthma. Beobachten Sie Ihr Kind aufmerksam und sprechen Sie im Zweifelsfall mit Ihrer Kinderärztin oder Ihrem Kinderarzt.

Die Freude am Essen teilen

Der Geschmackssinn ist bei Babys noch nicht so weit ausgeprägt, dass Sie ständig Abwechslung bräuchten. Im Gegenteil, kleine Kinder lieben das Gewohnte, und die vielen bunten Kombinationen auf den Etiketten der Babygläschen sind eher von Erwachsenen für Erwachsene gemacht. Jedenfalls brauchen Sie keine Gläschen zu kaufen, weil Sie Ihrem Baby selbst keinen Grießbrei mit Mango anbieten können. Bleiben Sie lieber bei den bewährten Nahrungsmitteln, die Ihr Kind gut verträgt, und erweitern Sie das Angebot ganz allmählich. Dann haben Sie den Bogen bald heraus und werden Lust bekommen, selbst neue Rezepte und Kombinationen auszuprobieren.

Auch für die soziale Entwicklung Ihres Babys ist es positiv, die Zubereitung der Mahlzeiten von Anfang an mitzuerleben. Je älter es wird, desto gespannter wird es Sie dabei verfolgen und bald selbst mit Hand anlegen wollen. Aber auch schon bei jungen Babys lösen nach einer Weile bestimmte Handgriffe der Eltern wie das Aufstellen des Kochtopfs oder das Anwerfen des Pürierstabs laute Juchzer der Vorfreude aus. Die Zubereitung des Essens wird so Teil des Familienrituals; es hat seine feste Zeit im Tagesablauf und erfährt von vornherein eine ganz natürliche Achtung. Ähnliches gilt für das Essen im Familienkreis. Für Ihr Baby ist es wichtig, sich am Familientisch einzureihen, wie seine Eltern und Geschwister von einem Teller frisch gekochte Mahlzeiten zu essen und so mit der Freude am Leben gleich auch die Freude am guten Essen zu teilen. Die Erinnerung an diese leckeren, fröhlichen Mahlzeiten wird es als Schatz mit durch sein Leben tragen.

Woher bekommt das vegetarische Baby sein Eisen?

Auch wenn Sie und Ihr Baby die vegetarische Schwangerschaft und Stillzeit bei bester Gesundheit absolviert haben, kann die Diskussion um die angeblich problematische Eisenversorgung noch einmal aufflammen, sobald Ihr Baby die erste Beikost bekommt. Ihre Kinderärztin oder Ihr Kinderarzt, aber auch wohlmeinende Mitglieder Ihres Verwandten- oder Freundeskreises vertreten vielleicht die Ansicht, dass Ihr Baby in der zweiten Hälfte des ersten Lebensjahrs unbedingt zweimal pro Woche Fleisch braucht, um seinen Eisenbedarf zu decken. Auch manche Bücher zum Thema Babyernährung vertreten noch diesen traditionellen Standpunkt, ja, manche schrecken nicht einmal davor zurück, pürierte Leber und andere Innereien auf Babys wöchentlichen Speiseplan zu setzen. Nicht auszudenken, welche Schadstoffe, die sich bekanntermaßen vor allem in den Innereien von Schlachttieren einlagern, da mit dem Eisen gleich mitverzehrt werden! Und in den ebenfalls in der fleischhaltigen Kinderernährung so beliebten Wurstwaren stecken reichlich Fett und Salz sowie Konservierungs- und Farbstoffe. Andere Ratgeberbücher führen zwar Fleischmahlzeiten auf, weisen aber ehrlicherweise darauf hin, dass Fleisch für das Gedeihen des Babys nicht erforderlich ist, solange die Eltern bewusst auf die Versorgung mit anderen Eisenquellen achten.

Erinnern wir uns daran, was wir im Kapitel über die vegetarische Schwangerschaft zum Eisen festgestellt haben: Eisen tierischer Herkunft ist zwar leichter verwertbar, aber in genügend pflanzlichen Lebensmitteln ist reichlich Eisen enthalten, das durch die Kombination mit Vitamin-C-haltigem Obst und Gemüse für den Körper ebenfalls problemlos zu verwerten ist. Machen wir es uns deshalb zur Regel, bevorzugt eisenhaltige Lebensmittel (z. B. Hirse, Amaranth, Hafer, Grünkern und andere Getreidesorten, getrocknete Aprikosen, Datteln, Pflaumen, Rosinen, Fenchel, Schwarzwurzeln, Möhren, Spinat, Brokkoli, Petersilie, Rote Bete, Linsen, Erbsen, Kichererbsen, Naturreis, Tofu, Mandelmus, Sesammus, Traubensaft, Zuckerrübensirup) zu verwenden, nach jedem Gemüsebrei ein paar Löffel Vitamin-C-haltigen Obstbrei als Nachtisch zu geben und Getreidebreien möglichst eine Vitamin-C-haltige Zutat (z. B. Petersilie, Orangensaft, Kiwi oder Sanddornmus) beizumengen. Wenn Sie Ihrem Baby außerdem nach dem Abstillen als Getränk aus dem Glas oder aus dem Fläschchen einmal pro Tag noch eine aus Pulver angerührte Säuglingsnahrung auf Sojabasis (Reformhaus) mit einem entsprechend abgestimmten Eisengehalt geben, kann nichts mehr schiefgehen. Zahllose kerngesunde lakto-ovo-vegetarisch aufgewachsene Kinder beweisen, dass sich die Mär vom Eisenmangel mit ein bisschen Grips bei der Ernährungszusammenstellung jeden Tag aufs Neue widerlegen lässt.

Was Ihr Baby essen sollte

Zuerst ein Grundsatz vorneweg: Was für die Erwachsenenkost gilt, hat für die selbst zubereitete Babykost doppelte Bedeutung. Verwenden Sie also nur frische Zutaten aus kontrolliert biologischem Anbau, denn diese Nahrungsmittel schmecken nicht nur besser, sondern enthalten auch weniger schädliche Rückstände. Kaufen Sie zudem möglichst entsprechend dem saisonalen Angebot ein, da z. B. ohnehin nitratreiche Gemüsesorten als winterliche Treibhausware noch höhere Nitratwerte aufweisen.
In der Positivliste (Seite 162) können Sie nachschlagen, welches Lebensmittel ab welchem Lebensmonat eingeführt werden kann.

Getreide und Getreideprodukte

Getreide und Getreideprodukte sollten wie bei der vollwertigen Erwachsenenkost auch bei der Ernährung Ihres Kindes im Vordergrund stehen. Weizen-, Gerste-, Hirse-, Naturreis- und Buchweizenmehl eignen sich für Getreidebreie am besten. Verwenden Sie auf jeden Fall Vollkornmehl, das in der Regel mehr als doppelt so viel Vitamine und sehr viel mehr Eisen und andere Mineralien und Spurenelemente enthält als das weiße Auszugsmehl, das aus dem Stärkekern des Getreides ohne Getreidekeim und Randschichten hergestellt wird. Am besten ist natürlich frisch gemahlenes Mehl. Am unabhängigsten sind Sie mit einer eigenen Getreidemühle, die es als separate Maschine sowie als Aufsatz für gängige Haushaltsmaschinen in Naturkostläden und Haushaltswarengeschäften zu kaufen gibt. Wenn die ganze Familie gern vollwertig isst, kann die Anschaffung dieses relativ teuren Geräts durchaus lohnend sein. Haben Sie es bis zum nächsten Reformhaus oder Naturkostladen nicht allzu weit, können Sie Ihr Getreide aber auch in kleinen Mengen kaufen und dort frisch mahlen lassen.
Getreideflocken aus Hirse, Hafer, Gerste, Weizen und Naturreis, die es im Reformhaus oder im Naturkostladen zu kaufen gibt, sind als Grundlage für gekochte und rohe Vollkornflockenbreie geeignet. Als ganze Körner kommen Hirse, Buchweizen und Reis in gekochter Form in Frage. Gekochter Grünkern, mit Gemüse püriert, gibt Babybreien einen herzhaften Geschmack.

Baby-Getreidenahrung aus dem Naturkostladen und Reformhaus muss kurz mit Wasser bzw. Milch oder Sojadrink (»Sojamilch«) aufgekocht werden. Bei diesen Produkten ist die Stärke bereits hydrothermisch, d. h. durch Feuchtigkeit und Hitze »aufgeschlossen«. Im Vergleich zum einfachen Vollkornmehl lösen sie sich besser in Flüssigkeit auf und sind leichter verdaulich. Allerdings sind sie auch sehr viel teurer als gekauftes oder selbstgemahlenes Vollkornmehl.

Sehr praktisch für die schnelle Getreidebreibereitung sind Instantflocken, die ebenfalls im Naturkostladen oder im Reformhaus erhältlich sind. Sie müssen nicht gekocht, sondern nur mit heißem Wasser bzw. heißer Milch oder Sojadrink angerührt werden. Es gibt Instantflocken sowohl von einzelnen Getreidesorten wie Hirse, Hafer oder Weizen als auch von Getreidemischungen. Diese sind anfangs jedoch weniger empfehlenswert, weil eine Kontrolle über mögliche allergische Reaktionen auf bestimmte Sorten bei solchen Mischungen unmöglich ist.

Getreidebreie haben eine angenehme, natürliche Süße und müssen daher nicht zusätzlich gesüßt werden.

Vermeiden Sie in den ersten sieben Monaten Getreidesorten, die das Klebereiweiß Gluten enthalten (Weizen, Roggen, Gerste, Hafer), da eine eventuell vorhandene Unverträglichkeit gegen Gluten (Zöliakie) in diesem Alter besonders verheerende Folgen hat. Davon ist zwar im Durchschnitt nur jedes Tausendste Kind betroffen, doch je früher es zu einem Kontakt mit dem unverträglichkeitslösenden Stoff kommt, desto heftiger und hartnäckiger setzt die Krankheit ein. Beginnen Sie deshalb mit Reis und Hirse, und führen Sie die anderen Getreidesorten erst nach und nach ein. Reagiert Ihr Kind auf eine bestimmte Getreidesorte mit starkem Durchfall, ziehen Sie Ihre Kinderärztin oder Ihren Kinderarzt zu Rate.

Gegen Ende seines ersten Lebensjahrs verzehren viele Babys mit großer Wonne ihre ersten belegten Brote und kommen sich dabei schon höchst erwachsen vor. Am besten geeignet sind Vollkornbrote aus gemahlenem Vollkornmehl, von denen Sie anfangs die Rinde abschneiden können. Am bekömmlichsten sind Brote mit Backferment oder Natursauerteig. Meiden sollten Sie Weißbrote, Kunstsauerbrote und konservierte Brote aus der Plastiktüte. Auch hier spielt Ihr Beispiel eine große Rolle: Erwarten Sie von Ihrem Kind nicht, dass es Vollkornbrot isst, während sich der Rest der Familie aufs Weißbrot stürzt.

Gemüse

Beim Gemüse gibt es eine anschauliche Regel: Wechseln Sie die einzelnen Sorten so ab, dass das Baby sowohl Gemüse bekommt, das über der Erde wächst (z. B. Fenchel, Blumenkohl), als auch solches, das unter der Erde gereift ist (z. B. Möhren, Pastinaken). Auf diese Weise ergänzen sich die unterschiedlichen Inhaltsstoffe optimal. Als erstes Gemüse wird in der Regel die Möhre gefüttert, weil die meisten Babys ihren süßlichen Geschmack am ehesten akzeptieren. Als nächstes kommt die sättigende Kartoffel und später der auf Magen und Darm besänftigend wirkende Fenchel hinzu. Es gibt Babys, die mit diesem Gemüse-Dreiergestirn – durch Keimöl, Butter oder gelegentlich ein hartgekochtes Eigelb ergänzt – über Monate hinweg völlig auskommen. Weitere empfehlenswerte Gemüse sind Pastinaken, Blumenkohl, Brokkoli, Kohlrabi, Rote Bete, Mangold, Spinat, Schwarzwurzeln, Zucchini, Schmorgurken, grüne Bohnen, junge Erbsen und Kürbis. Im Rezeptteil finden Sie viele leckere, aufeinander aufbauende Gemüsebreie zum Ausprobieren.

Zu Anfang werden alle Gemüsesorten erst gegart und anschließend püriert. Tomaten dagegen sind schon recht früh auch in roher Form verträglich und müssen bloß abgebrüht, geschält und von den Kernen befreit werden. Auch reife Avocados sind roh leicht verdaulich; sie enthalten reichlich Vitamine und Mineralstoffe, Eiweiß und ungesättigte Fettsäuren. Da sie nur geschält und zerdrückt werden, sind sie äußerst schnell zubereitet. Als erstes echtes Rohkostgemüse eignet sich später die Möhre. Sie wird geschält und dann auf einer Glasreibe zerrieben. Nach der gleichen Methode lässt sich auch roher Möhrensaft herstellen: Das Geriebene wird einfach in einem sauberen Windeltuch ausgedrückt.

Für die Zubereitung des Gemüses ist ein Dämpfeinsatz unbedingt empfehlenswert. Die in Haushaltswarengeschäften erhältlichen Metallkörbe sind preiswert und passen sich flexibel jeder Kochtopfgröße an. Das Gemüse wird über kochendem Wasser im geschlossenen Topf gegart, wobei die Garzeit in etwa der normalen Kochzeit entspricht. Damit auch wirklich kein Nährstoff weggekippt wird, lässt sich das Kochwasser bei der Zubereitung von Babybreien anschließend mit dem Gemüse pürieren oder in der Erwachsenenkost für Suppen und Saucen verwenden.

Wenn Sie auch sonst gerne und viel gedämpftes Gemüse essen, lohnt sich die Anschaffung eines Dampfgarers, der nach dem gleichen Prinzip funktioniert, darüber hinaus aber den Vorteil hat, dass Sie die Garzeit vorher einstellen können. Nach Ablauf der Garzeit schaltet sich das Gerät automatisch ab (ungeheuer nützlich, wenn Sie Babys Mittagsschlaf selbst zu einem kleinen Nickerchen nutzen wollen). Außerdem gehören dazu sehr praktische Einsätze, in denen sich auch Reis und anderes Getreide ohne jede Anbrenngefahr schonend und bequem garen lässt. Bei uns gehört der Dampfgarer zu den zweckmäßigsten und am häufigsten benutzten Haushaltsutensilien.

Auch ein guter Pürierstab mit dazugehörigem Pürierbecher ist Gold wert, denn er spart viel Zeit und Arbeit, und Sie haben anschließend wesentlich weniger abzuwaschen als bei einem Mixer.

Ab dem achten Lebensmonat können Sie dazu übergehen, das gedämpfte Gemüse nur noch grob zu pürieren oder mit der Gabel oder einem Kartoffelstampfer zu zerdrücken. Geben Sie nun auch stückige Zutaten wie Tofu oder Käse dazu und gewöhnen Sie Ihr Kind so allmählich an eine gröbere Kost. Widerstehen Sie der Versuchung, weiter zu pürieren, auch wenn es mit dem Füttern dadurch einfacher geht. Es könnte sein, dass Ihr Kind dann auch später eher kaufaul bleibt. Feste Nahrung kräftig Zähne und Kiefer. Unterstützen Sie deshalb seine Neugier auf Ungewohntes, auch wenn es die gröberen Brocken zunächst ausspuckt, und schaffen Sie einen allmählichen Übergang.

Wegen der blähenden Eigenschaften ist bei allen Kohlarten Vorsicht geboten. Am verträglichsten sind Kohlrabi sowie Blumenkohl und Brokkoli, von denen Sie nur die feinen Röschen verwenden sollten. Der frühere Kinderschreck Spinat gilt heute aufgrund des hohen Nitratgehalts als problematisch. Greifen Sie deshalb gelegentlich auf ein Gläschen mit fertigem Spinatpüree zurück, und verwenden Sie es für Ihre eigenen Rezepte. Auch Mangold und Rote Bete weisen unter ungünstigen Bedingungen höhere Nitratwerte auf, weshalb sie auf Babys Speiseplan nur gelegentlich erscheinen sollten.

Tofu und andere Sojaprodukte

Tofu und andere Sojaprodukte sind ausgezeichnete, leicht verdauliche Eiweißlieferanten und enthalten viele weitere Nährstoffe, u. a. Kalzium und Eisen. Sein milder Geschmack macht Tofu für die Babykost besonders geeignet. Als erste Brotaufstriche kommen milde vegetarische Soja-Pasteten aus dem Reformhaus oder Naturkostladen sehr gut an. Gegen Ende des ersten Lebensjahrs dürfen Kinder auch schon mal an einem Stück geräuchertem Tofu oder einem Tofu-Knacker kauen.

153

Sprossen, Obst und Trockenfrüchte

Frische Sprossen sind reich an Vitaminen, Folsäure, Kalzium, Eisen und Magnesium. Ob selbstgezogen oder frisch aus dem Naturkostladen – geben Sie immer wieder einmal einen Teelöffel vor dem Pürieren in den Gemüsebrei.

Beim Obst eignen sich alle natürlich süßen Arten. Äpfel sind fast das ganze Jahr über verfügbar und bilden meist das öbstliche Grundnahrungsmittel. Anfangs werden sie gegart und z. B. mit Möhren und Mandelmus zu einem leckeren Brei verrührt (siehe Rezeptteil), später geraspelt, gerieben oder in geschälten Schnitzen zum Knabbern gegeben. Reife Birnen sind oft weicher und deshalb zum ersten Knabbern ebenfalls gut geeignet, können aber eventuell zu Wundsein führen. Bananen sind ein universelles Kinderobst, das fast alle Babys lieben. Da die Früchte aus konventionellem Anbau stark mit Pestiziden behandelt sind, lohnt sich in diesem Fall der Griff zu biologisch erzeugter Ware ganz besonders. Zum Anfang werden die Bananen schaumig püriert, später mit der Gabel zerquetscht, und bald kann Ihr Kind von einer weichen Banane auch schon selbständig abbeißen. Andere geeignete Obstsorten sind Himbeeren, Stachelbeeren, Pfirsiche, Aprikosen, Weintrauben (ohne Kerne), Honigmelonen, entsteinte Süßkirschen und Pflaumen, Heidelbeeren, Kiwis und filetierte Mandarinenschnitze. Vorsicht ist bei Erdbeeren geboten, die bei manchen Kindern Allergien auslösen, sowie bei Zitrusfrüchten, die aufgrund der intensiven Säure leicht zu Wundsein führen. Rhabarber (Oxalsäure) und alle Früchte mit Samen und Kernen (Gefahr des Verschluckens) sollte das Baby erst später bekommen.

Trockenfrüchte sind eine ideale Quelle für viele Mineralien und Spurenelemente und können in pürierter Form vielen Babybreien beigemengt werden. Später kauen Babys z. B. ungeschwefelte Trockenaprikosen und füllen so ihre Eisenvorräte auf. Zu bedenken ist nur, dass die Reste der süßen, zähen Trockenfrüchte leicht an den Zähnen hängenbleiben. Zähneputzen zwischendurch ist daher angesagt (siehe auch *Zahnhygiene*, Seite 139).

Fette

Als Fettquellen kommen zuerst ein gutes Keimöl (z. B. Maiskeimöl), später auch Butter, flüssige Sahne und Milch in Betracht. Erliegen Sie nicht der Versuchung, beim Fett einzusparen. Ihr Kind braucht für sein gutes Gedeihen hochwertige Fette, vor allem wegen der fettlöslichen Vitamine und der lebensnotwendigen Linolsäure.

Milch und Milchprodukte

Die immer stärkere Verbreitung von Milchallergien spricht dafür, Kuhmilch frühestens im zweiten Lebenshalbjahr einzuführen. Beginnen Sie mit sauren Milchprodukten wie Buttermilch, Dickmilch, Schwedenmilch und Joghurt, weil die allergene Lactose bei diesen Nahrungsmitteln in Milchsäure umgewandelt ist. Achten Sie beim Kauf unbedingt auf reine Sauermilcherzeugnisse mit überwiegend rechtsdrehenden Milchsäuren. Vor allem Joghurt ist oft mit Verdickungsmitteln wie Gelatine versetzt, Fruchtjoghurt enthält bis zu 10 % Zucker. Auch hier lohnt es sich, für ein Glas Joghurt im Naturkostladen oder Reformhaus etwas mehr Geld auszugeben und auf Erzeugnisse aus kontrolliert biologischer Landwirtschaft zu setzen.

Für die Zubereitung von Milch-Getreide-Breien sollten Sie auf jeden Fall Vollmilch verwenden. Fettarme Milch ist ungeeignet, da sie weniger fettlösliche Vitamine enthält. Um Ihrem Kind die Umstellung von der Muttermilch zur Kuhmilch zu erleichtern, wird die Vollmilch allerdings in den ersten Wochen im Verhältnis 1:1 mit Wasser verdünnt. H-Milch hat einen geringeren Vitamingehalt und gilt wegen des hohen Verarbeitungsgrads nicht mehr als vollwertiges Lebensmittel.

Auf Rohmilch, auch auf kontrollierte Vorzugsmilch, sollten Sie verzichten. Unbehandelte Milch kann Keime enthalten, mit denen das empfindliche Immunsystem des Babys noch nicht fertig wird.

Falls Sie eine Allergie befürchten und im ersten Lebensjahr Ihres Babys lieber ganz auf Kuhmilch verzichten wollen, können Sie für die Zubereitung der Milch-Getreide-Breie auch eine industriell gefertigte Säuglingsmilch auf Sojabasis (aus dem Reformhaus) verwenden. Diese Milchzubereitung ist bis ins Kleinkindalter geeignet. Reine Sojamilch (»Sojadrink«) hat deutlich weniger Kalzium als Kuhmilch und ist daher als Dauerersatz unzureichend.

Von allen Käsesorten ist Hüttenkäse am verträglichsten und lässt sich gut mit frischem Gemüse, z. B. Avocados, mischen. Frischkäse ist als Aufstrich für die allerersten Brote praktisch. Später sind als »Finger Food« Käsereiter aus Hartkäse sehr beliebt.

Was Sie Ihrem Baby lieber nicht füttern sollten

Die Auswahl an gesunden vegetarischen Nahrungsmitteln für Ihr Baby ist also ziemlich groß. Allerdings gibt es auch eine Reihe von Nahrungsmitteln, die Sie im ersten Lebensjahr Ihres Babys besser meiden sollten:

Gewürze, Salz und Zucker

Fügen Sie den Breien, die Sie Ihrem Baby füttern, weder Salz noch Zucker zu, auch wenn sie Ihnen selbst eher fade vorkommen. Die natürliche Würze und Süße des Gemüse-, Obst- und Getreidebreis ist für die zarten Geschmacksknospen Ihres Babys völlig ausreichend. Hinzu kommt, dass Salz und alle salzigen Lebensmittel wie Chips und andere Knabberartikel die empfindlichen Nieren Ihres Babys belasten oder gar schädigen können. Das Gleiche gilt für scharfe Gewürze wie Curry, Pfeffer, Muskatnuss und Senf. Reiner Zucker sollte ebenso tabu sein wie alle mit raffiniertem Zucker hergestellten Getränke, Gebäcke und Brotaufstriche. Wegen der »leeren Kalorien« ohne jegliche weiteren Nährstoffe wird der Raffinadezucker zu schnell vom Blut aufgenommen, so dass der Körper große Mengen Insulin produziert. Über eine längere Zeitspanne kann dies zu einem späteren insulinunabhängigen Diabetes führen. Auch Honig kann zur Überzuckerung beitragen und außerdem – wenn auch in seltenen Fällen – die im ersten Lebensjahr unter Umständen lebensbedrohlichen Botulismussporen übertragen.

Deswegen muss Ihr Baby aber nicht ganz auf die süße Geschmacksrichtung verzichten. Leckere Alternativen sind getrocknete und frische Früchte, natürliche Fruchtsäfte und ohne Zucker zubereitete süße Brotaufstriche (z. B. Dattelpüree, das Sie ganz leicht selbst herstellen oder in interessanten Geschmackskombinationen wie etwa »Dattel-Orange« im Naturkostladen kaufen können). Versuchen Sie, Ihrem Kind von Anfang an einen sparsamen, aber lockeren Umgang mit allem Süßen anzugewöhnen. Völliger Entzug führt zu Heißhunger, und mit strengen Verboten erreichen Sie nur das Gegenteil. Spätere Essstörungen sind gerade von diesem Schwanken zwischen unüberwindlichem Süßhunger und quälenden Schuldgefühlen geprägt.

Die leidigen Süßigkeiten
Lassen Sie deshalb in den täglichen Mahlzeiten allein die natürliche Süße
der verwendeten Nahrungsmittel zum Tragen kommen, und verzichten Sie
auf süßende Zusätze wie Zucker, Honig oder Dicksaft. Geben Sie Ihrem
Kind aber auch immer wieder einmal ein Brot mit Dattelpüree, Hagebuttenmus oder Zuckerrübensirup, eine getrocknete Aprikose oder eine Handvoll Rosinen, und freuen Sie sich mit ihm über den leckeren Geschmack.
Seien Sie selbst ein Vorbild, indem Sie Süßes in Maßen essen, aber dann
auch wirklich genießen. Begrenzen Sie den Strom süßer Geschenke von
Freunden und Verwandten, und kaufen Sie Ihrem Kind im Alltag keine
Süßigkeiten (schon gar nicht als Trost oder Belohnung). Genussvolle Aus-
nahmen – z. B. zu Weihnachten und Ostern, zum Geburtstag, beim Zir-
kus- oder Schwimmbadbesuch oder während einer längeren Zugfahrt – be-
stätigen dann die Regel. Konsequent, aber zugleich locker und flexibel
umschiffen Sie so eine prekäre Klippe im täglichen Erziehungsstrudel.

Weißmehl und Konserven
Weißmehl und Weißmehlprodukte sind für Babys ebenfalls ungeeignet. Ihr
Mineralstoff- und Vitamingehalt ist gering. Dafür können sie Bleichmittel,
Konservierungsstoffe u. ä. sowie Reste von Düngemitteln und Pestiziden
enthalten und dadurch Allergien auslösen. Aber auch mit einem zu groben
Vollkornbrot kann Ihr Baby überfordert sein. Bewährt haben sich nach
meiner Erfahrung Brote aus fein gemahlenem Vollkornmehl ohne ganze
Körner aus dem eigenen Backofen oder aus der Vollwert- oder Bio-Bäckerei.
Fertiggerichte und Konserven enthalten Zusatzstoffe zur Haltbarmachung,
künstliche Aromastoffe, Farbstoffe und Emulgatoren. Alle diese Stoffe lösen unter Umständen allergische Reaktionen aus. Darüber hinaus stehen
manche Zusatzstoffe in Verdacht, Hyperaktivität und Aggression bei kleinen Kindern zu fördern. Vorsicht ist deshalb angebracht.

Nüsse und Samen
Nüsse und Samen sollten Sie Kleinkindern wegen der Erstickungsgefahr
grundsätzlich nur gemahlen oder in Musform (Mandelmus, Sesammus)
geben. Nüsse können allerdings auch schwere Allergien auslösen, vor allem wenn in der Verwandtschaft eine gewisse Allergieneigung besteht. Vieles spricht also dafür, im ersten Lebensjahr ganz auf Nüsse zu verzichten.

Koffein und Alkohol

Koffein in Kaffee und Cola, aber auch koffeinähnliche Stoffe in schwarzem Tee, Schokolade und Kakao regen stark an und sollten deshalb tunlichst gemieden werden. Machen Sie sich die Nächte nicht noch schwerer, als sie es in dieser Zeit ohnehin schon sind.

Die schädlichen Auswirkungen des Alkohols sind bei Kindern wegen ihres geringen Körpergewichts um ein Vielfaches schlimmer als bei Erwachsenen. Ja, eine für Erwachsene durchaus verträgliche Menge kann für sie schon lebensgefährlich sein. Gehen Sie hier auch bei noch so kleinen Mengen, z. B. in Kuchen oder Süßigkeiten, keine Kompromisse ein. Kinder sollten sich gar nicht erst an den Geschmack gewöhnen.

»Light«-Produkte

Kalorien- und fettreduzierte »Light«-Produkte sind ebenfalls nicht angebracht. Wegen des hohen Verarbeitungsgrads und der vielen Zusatzstoffe können sie nicht als vollwertige Nahrungsmittel gelten. Außerdem brauchen kleine Kinder natürliches Fett als Quelle für Energie und fettlösliche Vitamine.

Vorsicht bei Eiern

Wegen der Salmonellengefahr ist auch bei Eiern Vorsicht geboten. Kaufen Sie nur frische Eier, deren Herkunft aus artgerechter Freilandhaltung Ihnen Ihre Naturkosthändlerin oder Ihr Eierverkäufer auf dem Wochenmarkt garantieren kann. Diese sind zwar unbestritten teurer, doch wenn Sie nur wenige, dafür aber gute Eier essen, ist der Preisunterschied schnell wettgemacht. Blättern Sie schnell weiter, wenn Ihnen ein Babykochbuch empfiehlt, ein rohes Ei in den Babybrei zu rühren. Kochen Sie Eier statt dessen lange genug (7 – 8 Minuten), setzen Sie sie vorsichtig ein und denken Sie daran, dass auch Hühnereiweiß zu den allergieauslösenden Stoffen zählen kann.

Die Reihenfolge der Mahlzeiten

Am Anfang haben Sie Ihr Baby ganz nach Bedarf gestillt oder mit der Flasche gefüttert. Im Laufe der Monate hat sich dann allmählich eine ganz bestimmte Abfolge regelmäßiger Mahlzeiten herausgeschält. Diese Tendenz sollten Sie durch sanften Druck weiter verstärken, da sie zum einen den Tagesablauf für Sie planbarer und berechenbarer macht und feste Gewohnheiten zum zweiten auch für Ihr Baby wichtig und beruhigend sind. Mit der Einführung der Beikost verfestigt sich diese Regelmäßigkeit. Je nachdem, wie es in Ihre individuelle Tagesplanung passt, sollten Sie drei Hauptmahlzeiten am Morgen, Mittag und Abend und ein bis zwei Zwischenmahlzeiten am Vormittag und/oder Nachmittag ansteuern. Dabei ist es völlig egal, ob Babys »Mittagessen« nun tatsächlich um zwölf Uhr mittags oder erst nach dem Schlafen um zwei oder drei Uhr auf den Tisch kommt. Wichtig ist vielmehr die gleichmäßige Verteilung über den gesamten Tag.

Im Rezeptteil sind vier Babymahlzeiten vorgesehen, die Sie nach und nach (ungefähr im einmonatigen Abstand) einführen können:

Als erstes der **Mittags-Gemüse-Brei**, der die (Mutter-)milchnahrung durch Eisen, Zink sowie die Vitamine A, B₁, B₆, C und andere Nährstoffe ergänzt. Ein wenig Obstmus als Nachtisch verbessert die Eisenverwertung.

Als zweites der **milchfreie Getreidebrei am Nachmittag**, der Ballaststoffe, Vitamin B₆, Magnesium und andere Nährstoffe liefert.

Als drittes der **Milch-Getreide-Brei**, der Ihr Baby abends mit Kalzium, Eisen, Magnesium, Zink, B-Vitaminen und anderen Nährstoffen versorgt und es so sättigt, dass es nachts gut schlafen kann. Wichtig ist auch hier eine Vitamin-C-Quelle, die zu einer besseren Verwertung des Eisens beiträgt.

Als Ersatz der letzten Still- oder Flaschenmahlzeit folgt dann Babys **Frühstück** mit reichlich Kalzium, Eiweiß, wertvollen Fettsäuren und Vitaminen.

Den Abschluss bilden eine Reihe von Ideen für Babys erste Versuche, selbst mit der Hand oder der (abgerundeten Kinder-)Gabel zu essen. **Finger Food und Gabelkost** eignen sich für Haupt- und Zwischenmahlzeiten gegen Ende des ersten Lebensjahrs.

Wenn Sie eine Mahlzeit neu einführen möchten, beginnen Sie jeweils mit dem ersten Rezept, steigern Sie ganz allmählich die Menge und bleiben Sie mindestens drei, vier Tage oder auch eine ganze Woche dabei, um Ihrem Kind Zeit zu geben, sich mit der neuen Kost anzufreunden, und um zu sehen, ob es die neuen Nahrungsmittel verträgt. Gehen Sie erst dann zum nächsten Rezept über, und warten Sie wieder mindestens drei, vier Tage ab, ehe Sie weitergehen. Auf diese Weise machen Sie Ihr Kind im Laufe der Zeit mit einer Vielzahl vollwertiger Lebensmittel vertraut.

Falls Ihr Kleines einmal eine Zutat wider Erwarten nicht verträgt, lassen Sie diese in Zukunft zunächst weg. Mag es eine bestimmte Geschmackskombination offensichtlich nicht, gehen Sie einfach zum nächsten Rezept über.

Wenn Sie nicht sicher sind, ob Ihr Kind die zubereitete Portion auch essen wird, teilen Sie eine Hälfte ab, und heben Sie sie gegebenenfalls für den nächsten Tag im Kühlschrank auf. Angegessene Reste, die bereits mit Speichel in Berührung gekommen sind, sollten Sie dagegen niemals aufheben, sondern mit dem organischen Abfall entsorgen.

	Frühestens ab dem 8. Monat: Babys Frühstück	z. B. 8 Uhr
Muttermilch oder Flaschenkost	**Frühestens ab dem 5 Monat:** Gemüsebrei am Mittag	z. B. 12 Uhr
	Frühestens ab dem 6. Monat: Milchfreier Getreidebrei am Nachmittag	z. B. 16 Uhr
	Frühestens ab dem 7 Monat: Milch-Getreide-Brei am Abend	z. B. 19 Uhr

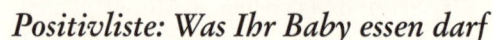

Positivliste: Was Ihr Baby essen darf

Damit Sie selbst den Überblick behalten und die Rezepte nach eigenem Gusto variieren und neue Kombinationen ausprobieren können, vor dem Rezeptteil nun noch einmal eine Positivliste mit allen empfehlenswerten Lebensmitteln für das erste Lebensjahr.

1. bis 4. Monat:
Muttermilch oder Fläschchenkost
Trinken: bei Bedarf abgek. Wasser; dünner ungesüßter Kräutertee

Frühestens im 5. Monat:
Möhren, Kartoffeln, Fenchel
einfaches Keimöl
Trinken: Wasser, ungesüßter Kräutertee

Frühestens im 6. Monat:
Blumenkohl, Schwarzwurzeln, Pastinaken, Sellerie,
Kürbis, Zucchini, Avocados
Apfel, Birne, Banane
getrocknete Aprikosen, Datteln
Butter
Reis, Hirse, Maisgrieß
Mandelmus, Dattelmus
Trinken: verdünnter Möhrensaft, Traubensaft,
Orangensaft, Wasser, Kräutertee

Frühestens im 7. Monat:
Brokkoli, Kohlrabi, Schmorgurken, Tomaten,
Spinat (Gläschen), Mangold, Rote Bete
Honigmelone, Pfirsich, Himbeeren, Stachelbeeren
(püriert), Heidelbeeren, Aprikosen, Weintrauben
(ohne Kerne), Süßkirschen (entsteint), Kiwi
getrocknete Pflaumen, Rosinen
Buchweizen, Dinkel, Grünkern, Dinkelnudeln
Vollmilch (1:1 verdünnt mit Wasser)
Sanddornmus, Hagebuttenmus, Tahin (Sesammus)
1 hartgekochtes Eigelb pro Woche
Trinken: verdünnter Apfelsaft

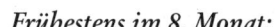

Frühestens im 8. Monat:

Erbsen, grüne Bohnen, Auberginen, Paprika, Petersilie und andere frische Kräuter, Sprossen

Mangos, Ananas

Linsen, Kichererbsen, Hummus

Pflaumen (entsteint), Mandarinen (filettiert)

Hafer, Gerste, Quinoa, Amaranth, Weizen, Weizenkeime

Vollkornnudeln (aus Hartweizengrieß), Brot aus feingemahlenem Vollkornmehl

Vollmilch, Buttermilch, Dickmilch, Schwedenmilch, Joghurt (Naturkostladen oder Reformhaus)

Hüttenkäse, Frischkäse, milder Hartkäse

Tofu

Zuckerrübensirup

Frühestens im 9. Monat:

Hefeflocken

Hefeextrakt und Miso (sparsam) als Würze oder Brotaufstrich

Frühestens im 10. und 11. Monat:

Roggen

kalt gepresste Öle

Rezepte für vegetarische Babys

Die Mengenangaben beziehen sich auf eine Portion. (Nur die ersten beiden Rezepte sind – da es äußerst unpraktisch wäre, die winzigen Anfangsportionen jeweils extra zu kochen – für mehrere Tage zum Einfrieren gedacht.) Alle Mengenangaben können aber immer nur ungefähre Richtmaße sein, denn schon ganz kleine Kinder sind Individualisten, und der Appetit von Kleinkindern variiert erheblich. Keinesfalls ist gemeint, dass Ihr Kind die angegebene Portion auch aufessen sollte. Respektieren Sie das natürliche Sättigungsgefühl Ihres Kindes. Mit der Zeit werden Sie ein Gefühl für den individuellen Appetit Ihres Babys bekommen, so dass Sie die Zutatenmengen dementsprechend variieren können.

Erstens: Der Mittags-Gemüsebrei

Aus den allerersten einfachen Gemüsebreien entwickelt sich nach und nach die warme Hauptmahlzeit des Tages. Gegen Ende des ersten Lebensjahrs wächst Ihr Kind dann immer mehr in die normale Familienkost hinein. Ob die warme Familienmahlzeit tatsächlich mittags stattfindet, ist eher nebensächlich. Wenn es sich besser einrichten lässt, dass Sie abends am Esstisch zusammenkommen, spricht nichts dagegen, sie zugunsten einer geselligen Familienrunde auf den nicht zu späten Abend zu verlegen.

Der allererste Möhrenbrei

Da Ihr Baby erst lernen muss, Nahrung vom Löffel zu schlecken und herunterzuschlucken, sind die kleinen eingefrorenen Portionen sehr praktisch. In den ersten Tagen können Sie jeweils einen Würfel im Wasserbad auftauen, in der folgenden Zeit entsprechend mehr.

300 g Möhren
etwas Wasser
1 Eiswürfelbehälter
1 Gefrierbeutel

Möhren putzen und in etwa 2 cm lange Stücke schneiden, im Dampfgarer oder im Dampfeinsatz mit wenig Wasser im Kochtopf garen, mit einem Teil des Wassers fein pürieren. Den Gemüsebrei in den Eiswürfelbehälter streichen und einfrieren. Vollen Eiswürfelbehälter unter fließend kaltes Wasser halten, die Möhrenbreiwürfel herausbrechen und in den Gefrierbeutel geben. Portionsweise entnehmen und auftauen.

Der zweite Möhrenbrei

300 g Möhren
etwas Wasser
2 EL Keimöl
1 Eiswürfelbehälter
1 Gefrierbeutel

Möhren dämpfen oder mit wenig Wasser dünsten, im Mixer oder mit dem Pürierstab fein pürieren. Keimöl unterrühren. In einen Eiswürfelbehälter streichen und tiefgefrieren. Kurz mit kaltem Wasser übergießen, Eiswürfel lösen, in Gefrierbeutel geben. Portionsweise entnehmen und auftauen.

Möhren mit Kartoffeln

100 g Möhren
50 g Kartoffeln
etwas Wasser
1 EL Keimöl

Möhren und Kartoffeln in Dampf über wenig Wasser garen und pürieren. Einige Esslöffel vom Kochwasser dazugeben, um die gewünschte Konsistenz zu erreichen, und Keimöl unterrühren.

Möhren und Kartoffeln mit Fenchel

50 g Möhren
50 g Kartoffeln
50 g Fenchel
etwas Wasser
1 EL Keimöl

Möhren, Kartoffeln und Fenchel in Dampf über wenig Wasser garen und pürieren. Einige Esslöffel vom Kochwasser dazugeben, um die gewünschte Konsistenz zu erreichen, und Keimöl unterrühren.

Kartoffeln mit Blumenkohl

80 g Kartoffeln
80 g Blumenkohl (nur die Röschen)
etwas Wasser
1 EL Butter

Kartoffeln und Blumenkohl in Dampf über wenig Wasser garen und mit einigen Esslöffel Kochwasser pürieren. Butter unterrühren.

Möhren mit Apfel

100 g Möhren
etwas Wasser
½ Apfel
1 EL Keimöl oder Butter

Möhren über wenig Wasser in Dampf garen, Apfel schälen, in Spalten schneiden und in wenig Wasser weichdünsten. Möhren und Apfel pürieren, Keimöl oder Butter unterrühren.

Möhren-Apfel-Mandel-Brei

Einer unserer am häufigsten gekochten Breie aus der Anfangszeit. Das Mandelmus macht ihn herrlich cremig und leicht süß.

100 g Möhren
etwas Wasser
½ Apfel
1 gehäufter TL Mandelmus

Möhren über wenig Wasser in Dampf garen. Apfel schälen, Kerngehäuse entfernen, das Fruchtfleisch in Spalten schneiden und in wenig Wasser weichdünsten. Möhren und Apfel pürieren, Mandelmus unterrühren.

Kartoffeln mit Zucchini

100 g Kartoffeln
100 g Zucchini
etwas Wasser
1 EL Keimöl oder Butter

Kartoffeln und Zucchini über wenig Wasser gar dämpfen, einige Esslöffel Kochwasser dazugeben und pürieren. Keimöl oder Butter unterrühren.

Kartoffeln, Möhren und Pastinaken

Pastinaken sind ein nitratarmes Wintergemüse. Viele Kinder lieben ihren süßen, leicht nussigen Geschmack.

50 g Kartoffeln
50 g Möhren
50 g Pastinaken
etwas Wasser
1 EL Keimöl oder Butter

Kartoffeln, Möhren und Pastinaken über wenig Wasser gar dämpfen, einige Esslöffel Kochwasser dazugeben und pürieren. Keimöl oder Butter unterrühren.

Zucchini-Kürbis-Brei

50 g Zucchini
50 g frischer Kürbis
50 g Kartoffeln
etwas Wasser
1 EL Keimöl oder Butter

Zucchini, Kürbis und Kartoffeln
über wenig Wasser gar dämpfen,
einige Esslöffel Kochwasser dazugeben und pürieren. Keimöl oder Butter unterrühren.

Kartoffeln mit Schwarzwurzeln oder Sellerie und Blumenkohl

50 g Kartoffeln
50 g Schwarzwurzeln oder Sellerie
50 g Blumenkohl
etwas Wasser
1 EL Keimöl oder Butter

Kartoffeln, Schwarzwurzeln und
Blumenkohl über wenig Wasser gar
dämpfen, einige Esslöffel Kochwasser dazugeben und pürieren. Keimöl
oder Butter unterrühren.

Zucchini-Tomaten-Brei

100 g Kartoffeln
100 g Zucchini
etwas Wasser
1 nicht zu große Tomate (ca. 60 g)
1 Blatt Basilikum
1 EL Butter

Kartoffeln und Zucchini über wenig
Wasser gar dämpfen, Tomate mit
kochendem Wasser überbrühen,
schälen, quer aufschneiden und die
Kerne herausspülen, Gemüse und
Basilikumblatt pürieren, geschmol-
zene Butter unterrühren.

Tomaten-Avocado-Brei

1 nicht zu große Tomate (ca. 60 g)
½ reife Avocado

Tomate mit kochendem Wasser
überbrühen, schälen, quer aufschneiden und die Kerne herausspülen. Zusammen mit der Avocado
pürieren.

Pink Potatoe

100 g Kartoffeln
50 g Rote Bete
etwas Wasser
1 EL Keimöl oder Butter

Kartoffeln und Rote Bete über wenig Wasser im Dampf garen, einige Esslöffel Kochwasser zugeben und pürieren. Keimöl oder Butter unterrühren.

Reis mit Fenchel und Tomate

1 EL Vollkornreis, fein gemahlen
100 ml Wasser
100 g Fenchel
1 Tomate

Reis im Wasser 5 Minuten unter ständigem Rühren köcheln lassen. Fenchel über wenig Wasser im Dampf garen. Tomate mit kochendem Wasser überbrühen, schälen, quer aufschneiden und die Kerne herausspülen. Alle Zutaten zusammengeben und pürieren.

Hirse-Gemüsebrei

2 EL Hirseflocken
4 EL Wasser
50 g Möhren
50 g Brokkoliröschen
etwas Wasser
einige Blättchen frische Petersilie
20 g Tofu

Hirseflocken in 4 EL Wasser aufkochen und kurz unter ständigem Rühren köcheln lassen. Möhren und Brokkoli über wenig Wasser im Dampf garen, Petersilie, Tofu und einige Esslöffel Kochwasser dazugeben, pürieren und mit der Hirse mischen.

Spinat mit Reis, Kartoffeln und Ei

50 g Kartoffeln
etwas Wasser
2 EL gekochter Vollkornreis
50 g Spinatpüree (Gläschen)
1 hart gekochtes Eigelb

Kartoffeln über wenig Wasser im Dampf garen, den Reis sowie einige Esslöffel Kochwasser zugeben und pürieren. Mit Spinat und Eigelb vermischen.

Avocado mit Hüttenkäse

½ reife Avocado
1 EL Hüttenkäse
1 TL Tahin (Sesammus)
1 TL frische Kressesprossen

Avocado, Hüttenkäse, Tahin und
Sprossen mischen und pürieren.

Kartoffeln und Bohnen mit Käse

100 g Kartoffeln
etwas Wasser
50 g grüne Bohnen
1 EL junger Gouda, frisch gerieben

Kartoffeln und Bohnen über wenig
Wasser gar dämpfen und etwas
abkühlen lassen. Mit dem Käse mischen und pürieren.

Tofu-Gemüse-Püree

50 g Möhren
50 g junge Erbsen
50 g Sellerie
etwas Wasser
20 g Tofu

Möhren, Erbsen und Sellerie über
wenig Wasser gar dämpfen, mit
etwas Kochwasser und dem Tofu
pürieren.

Möhren mit roten Linsen

25 g Rote Linsen
100 g Möhren,
in dünne Scheiben geschnitten
100 ml Wasser

Linsen und Möhren etwa 15 Minuten im Wasser kochen und pürieren.

Baked Potatoe

1 große Kartoffel (mehlig kochend)
2 EL Hüttenkäse
1 EL frische Sprossen

Kartoffel im Backofen etwa 50 Minuten backen, aufschneiden und
aushöhlen. Mit Hüttenkäse und
Sprossen pürieren.

Brokkoli mit Käsesauce

150 g Brokkoliröschen
etwas Wasser
1 EL Butter
1 EL Weizenvollkornmehl
125 ml Milch
2 EL junger Gouda, frisch gerieben

Brokkoli über wenig Wasser im
Dampf garen und zerdrücken. Butter mit Mehl anschwitzen, vom
Herd nehmen und Milch einrühren.
Noch einmal zum Kochen bringen
und Käse unterziehen. Sauce über
das Gemüse geben.

Quinoa mit Erbsen und Crème-fraîche-Sauce

3 EL Quinoa
50 g junge Erbsen
6 EL Wasser
1 EL Butter
1 EL Weizenvollkornmehl
100 ml Milch
1 EL Crème fraîche
1 TL frische Kräuter, fein gehackt

Quinoa und Erbsen in dem Wasser
etwa 15 Minuten garen. Eventuell
noch etwas Wasser nachgießen. Butter mit Mehl anschwitzen, vom
Herd nehmen und Milch einrühren.
Noch einmal zum Kochen bringen,
Crème fraîche und frische Kräuter
unterziehen. Sauce über das Gemüse
geben.

Steckrübeneintopf mit geräuchertem Tofu

Viele Kinder mögen den leicht
süßen Geschmack der Steckrübe so
gern, dass dieser Eintopf bald zu
ihren Leibgerichten zählt. Kochen
Sie ruhig eine große Portion für die
ganze Familie und würzen Sie Ihren
Teil kräftig mit Gemüsebrühextrakt
und getrocknetem Majoran.

50 g Steckrübe
50 g Kartoffeln
50 g Möhren
etwas Wasser
einige Krümel Gemüsebrühextrakt
einige Blättchen
     getrockneter Majoran
50 g geräucherter Tofu
1 TL Hefeflocken

Steckrübe, Kartoffeln und Möhren
in einen Topf geben, etwas Wasser
dazugeben, mit Gemüsebrühextrakt
und Majoran würzen und etwa
20 Minuten garen lassen. Geräucher-
ten Tofu würfeln und die letzten
Minuten mitgaren. Nach Bedarf mit
der Gabel oder einem Kartoffelstampfer zerdrücken. Mit Hefeflocken bestreuen.

Baby Napoli

25 g Vollkornnudeln
2 Tomaten
2 EL Tomatenmark
1 TL frische Kräuter, fein gehackt

Nudeln in reichlich Wasser garen.
Tomaten mit kochendem Wasser
überbrühen, schälen, quer aufschneiden und die Kerne herausspülen. Mit Nudeln und Tomatenmark
mischen, nach Bedarf pürieren oder
mit einem Kartoffelstampfer zerdrücken und mit Kräutern bestreu-
en.

Hafer-Möhren-Gemüse

2 EL Haferflocken
4 EL Wasser
50 g junge Erbsen
50 g Möhren
etwas Wasser
1 Messerspitze Hefeextrakt

Haferflocken in 4 EL Wasser unter
ständigem Rühren einige Minuten
köcheln lassen. Erbsen und Möhren
über wenig Wasser im Dampf garen
und mit der Gabel oder mit einem
Kartoffelstampfer zerdrücken. Mit
Hafer und Hefeextrakt verrühren.

Grünkern mit Brokkoli

2 EL Grünkernschrot
4 EL Wasser
100 g Brokkoliröschen
etwas Wasser
1 EL süße Sahne
1 TL Hefeflocken

Grünkernschrot in Wasser 10 Minuten köcheln lassen, gelegentlich
umrühren. Brokkoli über wenig
Wasser im Dampf garen und mit
dem Grünkern mischen. Süße Sahne
und Hefeflocken unterrühren und
nach Bedarf pürieren oder zerdrücken.

Zweitens:
Der milchfreie Getreidebrei am Nachmittag

Mit dieser Mahlzeit machen Sie Ihr Baby mit den verschiedensten Getreide- und Obstsorten bekannt. Gegen Ende des ersten Lebensjahrs wird sie nach und nach durch Obst und gesunde Knabbereien ersetzt, so dass drei Hauptmahlzeiten (morgens, mittags, abends) und ein bis zwei Zwischenmahlzeiten (nachmittags oder vor- und nachmittags) übrigbleiben. Um die Verträglichkeit einzelner Zutaten besser beobachten zu können, sollten Sie wiederum jeweils drei, vier Tage oder gar eine ganze Woche lang bei einem Rezept bleiben und dann allmählich weitergehen.

Der erste Hirsebrei

200 ml Wasser
7 gehäufte TL Hirse-Instantflocken
*   (aus dem Naturkostladen)*
1 TL Keimöl

Wasser aufkochen und in einen tiefen Teller geben. Hirseflocken unterrühren und einige Minuten quellen lassen. Dann das Keimöl unterrühren.

Hirse mit Banane

200 ml Wasser
7 gehäufte TL Hirse-Instantflocken
*   (aus dem Naturkostladen)*
½ Banane
1 TL Keimöl

Wasser aufkochen und in einen tiefen Teller geben. Hirseflocken unterrühren und einige Minuten quellen lassen, Banane pürieren und mit dem Keimöl unter den Brei rühren.

Reis mit Apfel und Birne

25 g Vollkornreis, fein gemahlen
125 ml Wasser
¼ Apfel
¼ Birne

Reis in Wasser 5 – 10 Minuten kochen, gelegentlich umrühren. Eventuell noch etwas Flüssigkeit zugeben. Apfel und Birne pürieren und unter den Reisbrei rühren.

Reis mit Trockenobst

1 EL Vollkornreis, fein gemahlen
100 ml Wasser
2 getrocknete Aprikosen
2 getrocknete Datteln, entkernt
2 EL Orangensaft, frisch gepresst

Reis im Wasser 5 Minuten kochen, gelegentlich umrühren. Eventuell noch etwas Flüssigkeit zugeben. Aprikose und Datteln mit dem Orangensaft pürieren und unter den Reisbrei rühren.

Maisgrieß mit Apfel und Aprikose

1 gehäufter EL Maisgrieß
100 ml kaltes Wasser
½ Apfel
2 getrocknete Aprikosen
2 EL Orangensaft, frisch gepresst

Maisgrieß mit dem Wasser einige Minuten quellen lassen. Zum Kochen bringen und 5 Minuten unter ständigem Rühren köcheln lassen. Apfel und Aprikosen mit dem Orangensaft pürieren und einrühren.

Cornflakes-Brei mit Banane

4 EL Bio-Cornflakes (aus dem
Reformhaus oder
Naturkostladen)
2 EL Traubensaft
etwas heißes Wasser
½ Banane

Cornflakes zerkleinern und mit Traubensaft und heißem Wasser mischen, bis die richtige Konsistenz erreicht ist. Banane pürieren und unterziehen.

Hirse-Kiwi-Brei

3 EL Hirseflocken
6 EL Wasser
¼ Banane
½ Kiwi
1 TL Keimöl

Hirseflocken in dem Wasser 5 Minuten leise köcheln lassen, gelegentlich umrühren. Banane und Kiwi pürieren und mit dem Keimöl unter den Brei rühren.

Dinkelbrei mit Aprikose

200 ml Wasser
7 gehäufte EL Dinkel-
    Instantflocken
2 getrocknete Aprikosen
2 EL Orangensaft, frisch gepresst
1 TL Keimöl

Wasser aufkochen und in einen tiefen Teller geben, Dinkel-Instantflocken unterrühren und etwas quellen lassen. Aprikose mit dem Orangensaft pürieren und mit dem Keimöl unter den Brei rühren.

Baby-Porridge mit Banane

3 EL Haferflocken
6 EL Wasser
½ Banane
1 Trockenpflaume
2 EL Orangensaft, frisch gepresst

Haferflocken in 3 EL kaltem Wasser einige Stunden quellen lassen. 3 EL heißes Wasser dazugeben, aufkochen und unter ständigem Rühren eine Minute kochen lassen. Banane und Trockenpflaume im Orangensaft pürieren und unterrühren.

Hafer-Dattel-Brei

25 g Datteln,
    entkernt und fein gehackt
etwas Wasser
2 EL Hafer, fein gemahlen
125 ml Apfelsaft
1 TL Mandelmus

Datteln über Nacht in wenig Wasser einweichen. Hafer im Apfelsaft 5 Minuten kochen, gelegentlich umrühren. Mit Datteln und Mandelmus verrühren.

Gerstenbrei mit Avocado und Apfel

¼ Avocado
1 Apfel, gerieben
1 EL Gerste, fein geschrotet
100 ml Wasser

Avocado pürieren und mit dem Apfel verrühren. Getreideschrot in Wasser unter ständigem Rühren 5 Minuten kochen und unter den Fruchtbrei ziehen.

Hirse-Sanddorn-Brei

3 EL Hirse
6 EL Wasser
½ Banane
1 EL Sanddornmus

Hirse in Wasser etwa 15 Minuten köcheln lassen. Banane zerdrücken, mit dem Sanddornmus verrühren und unter die Hirse mischen.

Gersten-Rosinen-Brei

25 g Rosinen
etwas Wasser
2 EL Gerste, gemahlen
125 ml Wasser
2 EL Traubensaft

Rosinen einige Stunden lang in wenig Wasser einweichen und pürieren. Gerste in 125 ml Wasser 5 Minuten kochen, gelegentlich umrühren. Mit Rosinenmus und Traubensaft verrühren.

Amaranth mit Carob und Banane

3 EL Amaranth
6 EL Wasser
½ Banane
1 TL Carob (aus dem
    Naturkostladen)

Amaranth in Wasser etwa 15 Minuten leise köcheln lassen. Banane zerdrücken, mit Carob verrühren und mit dem Getreide mischen.

Bananen-Pfirsich-Mus mit Weizenkeimen

½ Banane
1 Pfirsich, geschält und entkernt
1 EL Weizenkeime

Banane und Pfirsich pürieren und mit dem Weizenkeimen mischen.

Beerenbrei

½ Banane
50 g Himbeeren
50 g Heidelbeeren oder
    schwarze Johannisbeeren
1 – 2 EL Haferflocken

Bananen und Beeren pürieren, mit den Haferflocken mischen und eine Stunde quellen lassen.

Der erste Frischkornbrei

2 EL Weizen- oder
    Dinkelvollkornmehl
1 Dattel,
    entkernt und fein geschnitten
50 ml Wasser
1 kleiner Apfel, fein gerieben
1 TL Mandelmus

Weizen oder Dinkel mit der Dattel 6 – 8 Stunden in dem Wasser quellen lassen. Apfel- und Mandelmus einrühren.

Brei Nummer drei:
Milch und Getreide am Abend

Der sättigende Milch-Getreide-Brei lässt Ihr Baby (hoffentlich!) gut schlafen. Um ihm die Gewöhnung zu erleichtern, verdünnen Sie die Vollmilch in den ersten Wochen 1:1 mit Wasser.

Der erste Hirse-Milch-Brei

100 ml Vollmilch
100 ml Wasser
7 gehäufte EL Hirse-Instantflocken

Milch und Wasser zum Kochen bringen und in einen tiefen Teller gießen. Hirseflocken einrühren und einige Minuten quellen lassen.

Hirsebrei mit Aprikose und Orangensaft

100 ml Vollmilch
100 ml Wasser
7 gehäufte EL Hirse-Instantflocken
1 getrocknete Aprikose
2 EL Orangensaft, frisch gepresst

Milch und Wasser zum Kochen bringen und in einen tiefen Teller gießen. Hirseflocken einrühren und einige Minuten quellen lassen. Aprikose mit dem Orangensaft pürieren und unterziehen.

Schneller Haferbrei mit Kiwi und Banane

100 ml Vollmilch
100 ml Wasser
7 gehäufte EL Hafer-Instantflocken
½ Kiwi
½ Banane
1 Dattel
2 EL Traubensaft

Milch und Wasser aufkochen lassen und in einen tiefen Teller gießen. Haferflocken einrühren und einige Minuten quellen lassen. Kiwi, Banane und Dattel mit dem Traubensaft pürieren und unterziehen.

Dinkel-Vollmilch-Brei

2 EL Dinkel, fein gemahlen
200 ml Vollmilch
1 Trockenpflaume
4 EL Apfelsaft

Dinkel mit der Milch verrühren und unter Rühren aufkochen. Etwa 2 Minuten köcheln, dann etwas abkühlen lassen. Trockenpflaume im Apfelsaft pürieren und unterziehen.

Reis-Aprikosen-Brei

2 EL Vollkornreis, gemahlen
4 getrocknete Aprikosen,
*   fein gehackt*
etwas Wasser
100 ml Joghurt

Aprikosen über Nacht in wenig
Wasser einweichen. Reis in 200 ml
Wasser 5 Minuten kochen, gelegent-
lich umrühren. Aprikosen mit dem
Joghurt pürieren und unterziehen.

Amaranth-Pfirsich-Brei

100 g Amaranth
1 TL Butter
200 ml Milch
½ Pfirsich
1 Dattel
2 EL Orangensaft, frisch gepresst

Amaranth in der Butter anrösten,
Milch zugießen und zum Kochen
bringen. Bei geringer Hitze etwa
10 – 15 Minuten quellen lassen.
Pfirsich mit Dattel und Orangensaft
pürieren und unterziehen.

Grießbrei mit Kiwi und Rosinen

1 TL Rosinen
1 EL Traubensaft
200 ml Vollmilch
2 gehäufte EL Vollweizengrieß
½ Kiwi

Rosinen im Traubensaft einweichen.
Milch aufkochen lassen, Grieß ein-
streuen und bei geringer Hitze etwa
5 Minuten ausquellen lassen. Gelegentlich umrühren. Kiwi mit Rosinen und Traubensaft pürieren und
unterziehen.

Zwiebackbrei

3 Vollkornzwieback
100 ml heiße Milch
1 fein geriebener Apfel

Zwieback mit der Milch übergießen,
aufweichen lassen und mit einer
Gabel zerdrücken. Geriebenen
Apfel unterziehen.

Weizenbrei mit Sahne

2 EL Weizen, fein gemahlen
200 ml Wasser
1 Dattel
½ Birne
50 ml süße Sahne

Weizen mit Wasser unter ständigem
Rühren zum Kochen bringen, einige
Minuten kochen lassen und etwas
abkühlen lassen. Dattel mit der Birne pürieren, Sahne und Obstmus
unterziehen.

Hirse-Quark-Brei

3 EL Hirseflocken
6 EL Wasser
100 g Quark
3 TL Sanddornmus

Hirseflocken im Wasser etwa 5 Minuten leise köcheln lassen. Mit
Quark und Sanddornmus verrühren.

Milchreis mit Kirschen

50 g Vollkornreis (Rundkorn)
50 ml Wasser
50 ml Milch
100 g Kirschen, entsteint
etwas Wasser
1 Messerspitze Zimt
½ TL Mandelmus

Reis in dem Wasser leise köcheln lassen, bis es aufgesogen ist. Milch zugießen und weiter ausquellen lassen.

Kirschen mit wenig Wasser aufkochen, mit Zimt und Mandelmus pürieren und unter den Reis mischen.

Roher Getreideflocken-brei mit Mango

5 EL Getreideflocken (Hafer,
    Weizen, Gerste oder Vollkornreis)
150 ml warme Milch
½ reife Mango

Haferflocken mit Milch übergießen
und eine Viertelstunde quellen lassen. Mehrmals umrühren. Mango
pürieren und unterziehen.

Frischkornbrei mit Sahne

2 EL Weizen oder Dinkel,
    fein gemahlen
50 ml Wasser
1 Dattel,
    entkernt und fein geschnitten
1 EL süße Sahne
1 kleiner Apfel, fein gerieben
1 TL Mandelmus

Weizen oder Dinkel 6 – 8 Stunden
mit der Dattel in dem Wasser quellen lassen. Sahne, geriebenen Apfel
und Mandelmus einrühren.

Viertens: Babys Frühstück

Dattel-Orangen-Joghurt

150 g Naturjoghurt
2 EL Brotaufstrich »Dattelorange«
(aus dem Naturkostladen)
1 EL Weizenkeime

Joghurt mit dem Fruchtmus verrühren und den Weizenkeimen bestreuen.

Weizenfrühstück

1 EL Weizenflocken
1 EL Weizenkeime
50 ml warme Milch
½ Banane, mit der Gabel zerdrückt

Weizenflocken und -keime mischen und mit der Milch übergießen. Banane unterziehen.

Joghurt mit Aprikosen

3 getrocknete Aprikosen
etwas Wasser
150 g Naturjoghurt

Aprikosen über Nacht einweichen, kurz aufkochen und abtropfen lassen. Mit dem Joghurt pürieren.

Mandelmüsli

1 EL Haferflocken
1 EL Weizenflocken
50 ml warme Milch
1 EL Mandelmus

Hafer- und Weizenflocken mischen, mit warmer Milch übergießen und Mandelmus unterziehen.

Hafer-Carob-Müsli

2 EL Haferflocken
½ TL Carob
50 ml warme Milch

Haferflocken mit Carob bestäuben und mit der Milch begießen.

Warme Hafergrütze

2 EL Hafer, geschrotet
25 g Rosinen
100 ml Wasser
100 ml Apfelsaft

Hafer und Rosinen über Nacht in dem Wasser einweichen. Apfelsaft zugeben und 5 Minuten kochen, etwas abkühlen lassen.

Gerstengrütze
mit Aprikosen

2 EL Gerste, geschrotet
4 getrocknete Aprikosen,
*   klein geschnitten*
100 ml Wasser
100 ml Milch

Gerste und Aprikosen über Nacht
in dem Wasser einweichen. Milch
zugeben und 5 Minuten kochen,
etwas abkühlen lassen.

Sanddornquark

3 EL Quark
1 Dattel,
*   entkernt und fein geschnitten*
1 EL Sanddornmus
1 EL Weizenkeime

Quark, Dattel und Sanddornmus
vermischen und mit Weizenkeimen
bestreuen.

Bananenquark

3 EL Quark
1 Dattel,
*   entkernt und fein geschnitten*
½ Banane, mit der Gabel zerdrückt
1 – 2 EL Orangensaft, frisch gepresst
1 EL Weizenkeime

Quark mit Dattel, Banane und
Orangensaft verrühren und mit
Weizenkeimen bestreuen.

Leckere Frühstücksbrote

Gegen Ende des ersten Lebensjahres kann Ihr Baby zum Frühstück auch Brot aus fein gemahlenem Vollgetreide mit Butter,
Mandelmus, Hagebuttenmark,
vegetarischem Soja-Brotauf-
strich (aus dem Naturkostladen
oder Reformhaus), Butter und
Hefeextrakt, Butter und Miso,
Frischkäse oder einem der folgenden selbstgemachten Brotaufstriche essen.
Dazu ein Glas Milch, Sojadrink
oder Milch-Malzkaffee.

Aprikosen-Mandel-Aufstrich

100 g getrocknete Aprikosen
etwas Wasser
2 EL Mandelmus

Aprikosen mehrere Stunden in wenig Wasser einweichen, langsam erhitzen und etwa 5 – 10 Minuten köcheln, bis sie weich sind. Mit dem Mandelmus pürieren und in ein Schraubglas geben. Der Aufstrich ist im Kühlschrank mehrere Wochen haltbar.

Dattelmus

100 g Datteln,
entkernt und grob geschnitten
etwas Wasser

Datteln mit wenig Wasser langsam erhitzen und etwa 5 – 10 Minuten köcheln, bis sie weich sind. Pürieren und in ein Schraubglas geben. Dattelmus eignet sich auch hervorragend als Süßungsmittel und ist im Kühlschrank mehrere Wochen haltbar.

Mandarinen-Frischkäse

50 g Frischkäse
1 Mandarine, geschält und filetiert

Frischkäse und Mandarinenschnitze pürieren.

Ananas-Frischkäse

50 g Frischkäse
1 Scheibe frische Ananas

Frischkäse und Ananas pürieren.

Avocado-Hüttenkäse-Aufstrich

¼ Avocado
2 EL Hüttenkäse

Avocado und Hüttenkäse pürieren.

Ei-Joghurt-Aufstrich

1 hart gekochtes Eigelb
1 EL Joghurt
1 EL Kresse

Eigelb, Joghurt und Kresse pürieren.

Baby-Hummus

Da gekaufter Hummus zu viel Salz enthält, hier ein extra Babyrezept.

250 g Kichererbsen, gekocht
½ Knoblauchzehe, zerdrückt
2 EL Tahin (Sesammus)
etwas Zitronensaft
etwas Joghurt

Alle Zutaten außer dem Joghurt pürieren. Dann so viel Joghurt einrühren, bis die gewünschte Konsistenz erreicht ist.

Finger Food und Gabelkost

Mit dem ersten Lebensjahr geht auch für die meisten Kinder die »breierne Zeit« zu Ende. Sie interessieren sich zunehmend für Dinge, die sie in die Hand oder auf die Gabel nehmen können, und gewinnen Spaß daran, mit ihrem Kinderbesteck herumzuhantieren. Auch wenn sich das Chaos am Esstisch dadurch vorübergehend noch einmal intensiviert, greifen Sie diese Signale flexibel auf, indem Sie mehr und mehr Nahrungsmittel anbieten, die Ihr Kind greifen, löffeln oder mit der Gabel aufspießen kann. Viele Kinder lieben es anfangs auch, z. B. kleine Obststückchen auf ihre abgerundete Plastikgabel gesteckt zu bekommen, die sie dann selbständig zum Mund befördern. Jedenfalls werden in dieser neuen Phase die Koordination von Hand, Auge und Mund geübt und erste Fertigkeiten im Umgang mit Gabel und Löffel erworben. Allerdings sollten Sie Ihr Kind mit stückigem Essen nie allein lassen, da es sich vor allem anfangs daran verschlucken kann.
Halten Sie einen extragroßen Schlabberlatz und einen Waschlappen griffbereit!

Als »Finger Food« in einer kleinen, flachen Schüssel eignen sich:

Gedämpftes Gemüse:
Erbsen
Möhrenstücke
Fenchelstücke
Selleriestücke
Brokkoli- und Blumenkohlröschen
Grüne Bohnen
Kartoffelstücke

Obst:
Bananenscheiben
Geschälte Birnenspalten
Geschälte Apfelspalten
Heidelbeeren
Weintraubenhälften (ohne Kerne)
Erdbeerenhälften
Kiwistücke
Kirschen (entsteint)
Mandarinenschnitze (filetiert)
Pfirsichstücke
Melonenstücke
Aprikosenhälften
Getrocknete Aprikosen
Dattelhälften
Melonenstücke

Vollkornprodukte:
Vollkornbrötchen
(ohne ganze Körner)
Vollkornzwieback
Vollkornkekse
Gekochte Vollkornnudeln
(z. B. Makkaroni oder Spirelli)

Milchprodukte:
Käse in Würfeln

Sojaprodukte:
Geräucherter Tofu in Würfeln
Vegetarische Mini-Krakauer
(Reformhaus)
Vegetarische Soja-Wiener
(Reformhaus)

Literatur

Claus Leitzmann/Andreas Hahn:
Vegetarische Ernährung
Ulmer Verlag, Stuttgart

Udo Pollmer/Andrea Fock/Ulrike Gonder/Karin Haug:
Prost Mahlzeit! – Krank durch gesunde Ernährung
Verlag Kiepenheuer & Witsch, Köln

Hannah Lothrop:
Das Stillbuch
Kösel Verlag, München

Barbara Sichtermann:
Leben mit einem Neugeborenen
Fischer Taschenbuch Verlag, Frankfurt

Gerlinde M. Wilberg/Elke Brüser:
Zeit für uns. Ein Buch über Schwangerschaft, Geburt und Kind
Verlag Antje Kunstmann, München

Irmela Erckenbrecht:
So schmeckt's Kindern vegetarisch
pala-verlag, Darmstadt

Die Autorin

Irmela Erckenbrecht, Jahrgang 1958, lebt bei Göttingen. Während ihrer eigenen Schwangerschaft begegnete sie den zahlreichen Vorurteilen und Unsicherheiten, die bezüglich einer vegetarischen Ernährung für Mutter und Kind noch immer im Umlauf sind. Sie beschloss, ihre positiven Erfahrungen mit anderen zu teilen. Erfahrungen, Tipps und Rezepte für die gesunde Kinderernährung gibt sie in ihrem Buch *So schmeckt's Kindern vegetarisch* weiter.

Neben den beiden Titeln zum Thema Kinderernährung sind von Irmela Erckenbrecht im pala-verlag erschienen:

- *Querbeet – Vegetarisch kochen rund ums Gartenjahr*
- *Zucchini – Ein Erste-Hilfe-Handbuch für die Ernteschwemme*
- *Die Kräuterspirale – Bauanleitung, Kräuterportraits, Rezepte*
- *Erbsenalarm!* Köstliche Geschichten und Rezepte rund um die Prinzessin auf der Erbse
- *Das Wechseljahrekochbuch – Gesund essen, gesund bleiben*
- *Wie baue ich eine Kräuterspirale?* Leitfaden für die Gartenpraxis
- *Vegetarisch und gesund durch die Schwangerschaft – kompetenter Rat, praktische Tipps, vollwertige Rezepte*
- *Neue Ideen für die Kräuterspirale – Themenspiralen, Gestaltungsvorschläge, Variationen*
- *Rosmarin und Pimpinelle – Das Kochbuch zur Kräuterspirale*

Register

Rezepte von A bis Z

Vollwertig, vegetarisch, gesund

Irmela Erckenbrecht:
So schmeckt's Kindern vegetarisch
ISBN: 978-3-89566-170-9

Beate Schmitt:
Ohne Milch und ohne Ei
Allergien und Laktose-Intoleranz
ISBN: 978-3-89566-179-2

Gerhild Mann: **Neurodermitis**
– was koche ich für mein Kind?
Ein Alltagsratgeber für Eltern
ISBN: 978-3-89566-211-9

Simone Stefka:
Glutenfrei backen
Brot, Kuchen und Gebäck bei Zöliakie
ISBN: 978-3-89566-226-3

Gesamtverzeichnis bei: pala-verlag, Rheinstraße 35, 64283 Darmstadt
www.pala-verlag.de • info@pala-verlag.de